ROBERTO SHINYASHIKI

MAIS DE 9 MILHÕES DE EXEMPLARES VENDIDOS

DESISTIR? NEM PENSAR!

O QUE VOCÊ PRECISA FAZER PARA ATINGIR O SEU PRÓXIMO NÍVEL

Diretora
Rosely Boschini

Gerente Editorial
Rosângela de Araujo Pinheiro Barbosa

Assistente Editorial
Rafaella Carrilho

Produção Gráfica
Fábio Esteves

Preparação
Vero Verbo Serv. Edit. Ltda.

Capa
Sérgio Rossi

Projeto Gráfico
Renata Zucchini

Diagramação
Linea Editora

Revisão
Andréa Bruno

Impressão
Rettec

CARO LEITOR,
Queremos saber sua opinião sobre nossos livros. Após a leitura, curta-nos no facebook.com/editoragentebr, siga-nos no Twitter @EditoraGente, no Instagram @editoragente e visite-nos no site www.editoragente.com.br. Cadastre-se e contribua com sugestões, críticas ou elogios.

Copyright © 2021 by Roberto Shinyashiki
Todos os direitos desta edição
são reservados à Editora Gente.
Rua Original, 141/143 – Sumarezinho
São Paulo, SP – CEP 05435-050
Telefone: (11) 3670-2500
Site: www.editoragente.com.br
E-mail: gente@editoragente.com.br

Este livro foi impresso pela Rettec
em papel pólen bold 70g em agosto de 2021.

Dados Internacionais de Catalogação na Publicação (CIP)
Angélica Ilacqua CRB-8/7057

Shinyashiki, Roberto
Desistir? Nem pensar!: o que você precisa fazer para atingir o seu próximo nível / Roberto Shinyashiki. - São Paulo: Editora Gente, 2021.
192 p.
ISBN 978-65-5544-142-0
1. Autoajuda 2. Sucesso I. Título
21-2663   CDD 158.1

Índice para catálogo sistemático:
1. Autoajuda

NOTA DA PUBLISHER

Roberto Shinyashiki sempre se destacou em tudo que faz. Além de um grande escritor, é também alguém que reconhecidamente tem ajudado milhões de pessoas a transformarem suas vidas. E eu tenho tido o prazer de ter o Roberto – Beto, como ele é chamado entre nós, os irmãos – como meu companheiro de vida. Para mim ele sempre foi meu mentor – e de tantas outras pessoas –, a pessoa que sempre me incentivou a avançar desde criança. Foi Beto quem me ensinou a andar de bicicleta.

Para mim, é um privilégio acompanhar a carreira do escritor Roberto, porque ele é um exemplo vivo da representação da expressão "desistir? nem pensar!" e um pesquisador das palavras que busca constantemente a melhor maneira de transformar e impactar as pessoas.

Roberto tem investigado os motivos de as pessoas não avançarem em seus projetos ou estagnarem em determinado ponto da vida. Este livro chega num momento em que não temos mais a opção de estagnar, ainda que seja normal nos sentirmos sobrecarregados com tanta coisa.

Aqui você vai entender o que o impede de avançar para, em seguida, aplicar o método Shinyashiki. Com isso você perceberá como o poder de realização pode mudar a sua vida e impulsioná-lo para o próximo nível.

Permita-se avançar na vida. Afinal, como diz aquele que me ensinou a pedalar – e você lerá neste livro –, a vida é como andar de bicicleta: você precisa pedalar em constância, porque se parar, cairá rapidamente.

Rosely Boschini
CEO & Publisher da Editora Gente

"Se a pessoa construir castelos no ar, seu trabalho não será necessariamente perdido; é lá que deveriam estar. Agora coloque as fundações embaixo deles."

THOREAU, H. D. **Walden, ou A vida nos bosques**. São Paulo: EDIPRO, 2020.

Para a Liz, minha neta que colocou
uma nova luz na minha vida e me
inspira a ir para o meu *next level*

AGRADECIMENTOS

Gratidão...

Escrever este livro foi uma aventura mais do que especial por um milhão de motivos.

Eu tinha o livro praticamente pronto no final de 2019, e então no começo de 2020 entramos na pandemia, que colocou o mundo de cabeça para baixo e destruiu algumas verdades sobre humanidade, negócios, carreira, felicidade, amores, família, o que pensávamos sobre a vida, e eu me dei conta de que o livro tinha ficado ultrapassado antes de ser publicado e eu precisava reavaliar muitas ideias para ter uma obra que tocasse o coração das pessoas.

Junto com a transformação do planeta aconteceu uma revolução na minha vida.

Durante quase dois meses, fiquei trancado em uma clínica de medicina ayurvédica por causa do *lockdown* decretado pelo governo indiano.

Foram inesquecíveis os dias isolados, trancado em um quarto de menos de 9 metros quadrados, praticamente sem comida. Nesse período perdi 17 quilos, o que me deu a oportunidade de pensar muito na vida ao mesmo tempo que me debilitou muito a saúde.

Ninguém sai de uma experiência dessa como entrou.

Depois teve a epopeia que foi voltar ao Brasil em um voo humanitário com os meus médicos indianos falando que eu não deveria arriscar ter contato com tantos desconhecidos.

Acho que foi uma das experiências de maior medo por que passei na minha vida e por isso eu quero agradecer às pessoas que me deram uma força nas *lives* para ter coragem de enfrentar essa viagem.

Um dia ainda vou escrever um livro sobre essa experiência.

Quando cheguei ao Brasil, teve todo um processo de lutar pela sobrevivência das empresas e aprender uma nova maneira de trabalhar e administrar os negócios.

A dedicação foi tão intensa que tive uma exaustão no final do ano. Eu sempre falei da importância de cuidar da saúde, mas a paixão por ajudar as pessoas a superar os dramas da pandemia foi mais forte e eu acabei tendo um *burnout*, momento em que meu corpo me deu ordem para parar e cuidar de mim.

Só depois de um período de descanso e quando a situação das empresas acalmou foi que eu tive energia para terminar este que acabou sendo quase um novo livro.

Estou contando essas aventuras para dizer que, assim como essas dificuldades aconteceram na vida de toda a humanidade, esse período teve muitos desafios na minha vida, e que muitas pessoas foram fundamentais durante esse tempo de construção deste livro, e eu quero agradecer a elas.

A começar pelo mestre Deepakbhai, do Akram, pela orientação espiritual que me deu paz para passar por esse processo de transformação, e um carinho especial ao meu amigo Shirish Patel pelas conversas semanais – e às vezes diárias – para me ajudar a ter paz de espírito nessas transformações.

Aos meus anjos da guarda editoriais, Rosely Boschini, Rosângela de Araujo Pinheiro Barbosa e Ricardo Shinyashiki.

As pessoas que me ajudaram no trabalho de desenvolver as ideias deste texto: Paulo Bomfim, Carol Brandão, Marcelo Suartz, Theka Moraes, Denise Marques e Antonio Medeiros.

Aos profissionais queridos que cuidam da minha saúde: Laércio Vasconcelos, Fanny Dantas de Lima, Benno Ejnisman, Heloisa Capelas, Juliana Cahali, Ana Luiza Hoffman, Maryara Zeraick Shinyashiki, Mauricio de Camargo Garcia, José Rugue Ribeiro Jr., Leopoldo Fulgêncio Junior, Liliane Oppermann, Luiz Antonio Raio Granja, Giedre Benjamin, José Antonio Curiati, Denize Kallas Curiati, Sidnei Shiraishi, Marisa Fortes, Simone Arrojo, Márcia de Luca, Alessandra Gambini, Luana Andreola e Claudia Morgado.

Agradecimentos

Aos meus parceiros do Instituto Gente, onde mais realizo a minha missão de vida de ajudar as pessoas a realizar os seus objetivos de vida: Arthur Shinyashiki, Marina Paduin, Jonnas Lima, Ricardo Frota, Gabi Bonet e Patricia Fonseca.

A Kelly Cristina do Nascimento, que cuida das minhas pendências para que eu tenha mais tempo para curtir minha vida, estudar e criar meus treinamentos e livros.

A José Luiz Tejon, meu amigo de infância cuja evolução permanente mantém a nossa amizade cada vez mais forte.

Aos meus filhos Marina, André, Ricardo, Arthur e em especial ao Leandro, que são a fonte eterna de inspiração em tudo o que eu faço.

A Claudia Shinyashiki, por ter a paciência e competência para me ajudar a escrever 28 dos trinta livros que escrevi.

Quero agradecer, especialmente, a uma turma de amigos que me ajuda nas mais diversas áreas da vida: Eduardo Shinyashiki, Daniela Shinyashiki, Afrânio José Ferreira Paiva, Marcela Rasera, Luciano Telles, Mariana Pereira Amaral, Suyanne da Silva Pedrosa, Amanda Lorenzi Araújo, Valéria Zamboni de Souza, Marcelle Sarmento Patrone, Janguiê Diniz, Hebert Bouzon, Marcia Jorge, Simone Brum, Gilberto Guitti, Tayná Lima, Luan Costa, Geda Valentim, Daniella Cavalcanti, Silvia Pedroso Xavier, Luciana Pedroso Xavier, Marilia Pedroso Xavier, Renato Fonseca e Pedro Cardoso.

Aos alunos amigos das mentorias que me ajudaram a amadurecer essas ideias, discutir os textos, fizeram leituras críticas e deram sugestões.

Sou muito grato por tudo o que vocês têm feito por mim.

10
Prefácio

12
Introdução

01 — **18**
Cuidado! Você pode estar se esforçando muito sem sair do lugar

02 — **42**
A dinâmica do sucesso e fracasso

03 — **54**
Seja um realizador: dá menos trabalho e mais plenitude

04 — **70**
A Síndrome do Esforço Desperdiçado

05 — **78**
O caminho para você turbinar a sua vida

06 — **84**
Desenvolva uma mentalidade ilimitada

07 — **104**
Atitudes construtivas

08 — **122**
Turbine as suas competências inovadoras

09 — **142**
Ir para o próximo nível significa realizar metas

10 — **158**
As cinco dicas da prosperidade

170
Dê um jeito de ser muito feliz

PREFÁCIO

Fazer um prefácio para o livro do Roberto é motivo de profunda felicidade e orgulho, tamanho o respeito que tenho por esse autor. Digo com todas as letras: Roberto mudou a minha vida.

Os livros desse autor que, hoje é meu amigo, estiveram presentes na minha vida desde quando eu atuava como atleta, depois como treinador, gestor, e atualmente como empreendedor. E é por isso que eu sei do poder de cada palavra dele. Poder esse que é capaz de despertar não só em mim, mas em milhares de pessoas, reflexões ampliadas e novas perspectivas sobre a vida, sobre o trabalho, sobre os relacionamentos.

Neste livro você sentirá esse poder. Se você é uma daquelas pessoas que teve uma carreira meteórica, mas depois estagnou e sente que perdeu o senso de direção, está no lugar, ou melhor, no livro certo! Quem guiará você para que chegue ao próximo nível é um profissional que fala com maestria sobre esse assunto não só porque é um profundo conhecedor do comportamento humano, mas porque, ele mesmo, é uma pessoa de resultados. Há muitos anos Roberto exerce uma alta performance em tudo que faz: em encontros, eventos, treinamentos, livros e empresas. E é por meio disso que propaga a transformação na vida das pessoas.

Nas páginas a seguir você desenvolverá a sua mente de maneira ilimitada e encontrará um caminho lúcido, seguro, objetivo e aplicável para desenvolver todas as competências que essa nova configuração de mundo exige. E, mais importante do que isso, saberá como agregar valor a essas competências; tornando suas atitudes cada vez mais construtivas.

No final das contas todo mundo quer ser feliz, se sentir bem, ter paz de espírito e ter uma vida prospera. E eu não tenho a menor dúvida de que este livro é uma ferramenta para isso.

Boa leitura e saiba que, antes de você terminar este livro, a sua vida já vai estar transformada.

Um grande abraço, Joel Jota

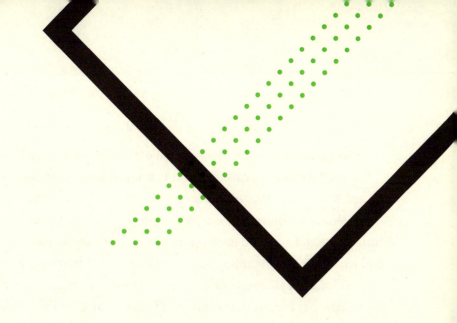

A vida de um ser humano é uma série de desafios que exigem de cada um de nós a coragem para avançar. Avançar, às vezes, com medo e preocupação, outras com alegria, coragem; exausto, mas avançar. Avançar sempre.
Minha vida é uma sucessão de avanços que sempre me levaram ao próximo nível.
O meu filho Leandro sempre foi a minha maior inspiração para avançar na vida.

INTRODUÇÃO

Eu nunca vou me esquecer daquela sexta-feira, por volta das 4 da tarde, quando o Leandro, meu primeiro filho, completou 2 meses. Eu estava me preparando para um atendimento no hospital e recebi um telefonema da minha então esposa para me dizer que o pediatra tinha detectado que o desenvolvimento do Leandro era insatisfatório e pedia que nós o levássemos para uma consulta com um neuropediatra.

Não foi uma surpresa total. Como médico de pronto-socorro, eu já vinha comparando o desenvolvimento do meu filho com o de outros bebês e enxergava sinais de que algo não estava bem. O pediatra dele, no entanto, me dizia para eu não me preocupar, que as crianças não são todas iguais, cada uma tem o seu ritmo...

Agora, ele tinha mudado de ideia e nós agimos rapidamente.

Na terça-feira seguinte, já estávamos no consultório de um médico que era considerado por muitos profissionais o melhor neuropediatra do Brasil. Ele nos mostrou alguns exames que o pediatra tinha pedido, principalmente um raio X que mostrava mais de 150 calcificações no cérebro do bebê. E foi taxativo: "O máximo que o Leandro vai viver é até 1 ano".

O que você faz quando recebe uma notícia dessas?

Bate o desespero e a revolta.

Por que isso foi acontecer justo com o meu filho? O filho que eu já amava tanto desde antes de ele nascer estava condenado à morte precoce.

Por que isso foi acontecer comigo?

Eu, que sempre procurei ser uma pessoa do bem.

A depressão me atingiu duramente, mas, depois de alguns dias, tomei uma decisão, ia lutar pela vida do meu filho! Poderia dar certo ou errado, mas eu não me entregaria sem lutar.

Aí começaram os desafios: escolher os profissionais que levariam à frente o tratamento do Leandro, arrumar tempo para levá-lo às sessões de terapia e, finalmente, conseguir o dinheiro que viabilizaria essa vitória.

Até então eu nunca tinha me ligado de verdade em ganhar dinheiro. Queria uma vida boa, é lógico, mas o dinheiro que eu ganhava nos plantões que eu fazia nos hospitais me parecia suficiente. Agora era diferente. Eu precisava de muito mais.

Era como se eu estivesse caminhando num platô, um terreno plano sem dificuldades, e, de repente, me surgisse um obstáculo. Eu precisava vencer aquele desafio: passar para outro nível.

Já havia algum tempo que eu me preparava para me tornar um terapeuta. Agora, não havia mais tempo para indecisão. Era avançar ou avançar.

Então criei um curso de psicologia dos relacionamentos humanos e fui divulgá-lo.

Arranjei um mimeógrafo, um sistema de cópias que se usava antigamente, criei uns panfletos e saí distribuindo nos bares do Bixiga, na época, o bairro da moda em São Paulo.

Funcionou e logo consegui sessenta alunos. Esse faturamento cobria uma parte dos tratamentos, mas ainda não era suficiente; então eu precisava atender os clientes de psicoterapia em consultório também. A matemática era simples: cada paciente que pagava uma sessão de terapia me ajudava a pagar uma sessão de fisioterapia do Leandro. A minha gratidão a essas pessoas era tamanha que eu me convenci de que eles receberiam a melhor terapia possível e, por isso, passei a estudar e a me dedicar totalmente para recompensar quem estava ajudando a cuidar da vida do meu filho. Eu tinha claro que não estava ganhando dinheiro para ir à Disney, mas, sim, para resgatar a esperança de um milagre.

Esse foi o início da minha carreira de terapeuta.

Atendia todos os dias da semana, das 8 da manhã às 9 da noite. Aos sábados e domingos, dava cursos praticamente o dia inteiro. Era exaustivo, mas eu fazia tudo com alegria, porque estava conseguindo pagar todos os tratamentos do Leandro.

A evolução dele foi muito limitada, mas ele avançava no seu ritmo.

Até que...

Introdução

Sete anos depois, eu julgava estar com uma vida equilibrada. Foi aí que o Leandro começou a ter crises convulsivas. E, com elas, vieram as internações.

Naquela época, os planos de saúde não cobriam doenças preexistentes. Ou seja, todos os gastos com atendimentos hospitalares, internações e médicos vinham para a minha conta. Além do desespero de ver um filho passar por aquele sofrimento, havia o desalento de ver as contas se acumularem.

Cada vez que o Leandro ia para a UTI, eu sofria dois golpes: o primeiro, imediato, era o temor pelo risco da sua morte. O segundo era uma sombra de preocupação: sabia que a conta do hospital ia significar quase seis meses de trabalho.

Com as dívidas aumentando, percebi que eu estava novamente em um platô e que a vida exigia que eu subisse novamente de nível. No meu trabalho de terapeuta, eu atendia muita gente, em consultas particulares ou nos grupos. Mas descobri que eu não tinha mais horas disponíveis para atender mais clientes e pensei que teria de criar uma nova forma de ganhar dinheiro para pagar o tratamento do meu filho. Foi então que comecei a pensar em escrever livros para impactar mais gente. O primeiro foi *A carícia essencial*.[1] Em seguida, veio *Amar pode dar certo*.[2] Eles acertaram em cheio em questões importantes e, por isso, venderam tanto. Era uma nova carreira, e ela parecia me dar um bom fôlego financeiro. Mas logo notei que o alívio financeiro era um tanto ilusório.

Naqueles tempos, final dos anos 1980 e início dos anos 1990, o Brasil tinha uma inflação galopante, uma das maiores do mundo. E as distribuidoras faziam o acerto de contas com o autor a cada seis meses. Quer dizer, a maior parte dos direitos autorais dos livros virava farelo.

A carreira de escritor, embora ajudasse muita gente e me tornasse famoso, também não resolvia o problema financeiro.

As despesas seguiam aumentando e de novo me vi procurando uma forma de evoluir; decidi então me tornar palestrante.

Foi, novamente, um grande desafio.

Eu era tímido, introvertido, estava acostumado a falar com uma pessoa; e falar para grandes plateias parecia quase um suicídio psicológico, mas, felizmente, eu tive a coragem de enfrentar os medos e fui expandindo o público, aprendendo a lidar com grupos de quinhentas pessoas, depois mil pessoas, até que, numa convenção de marketing multinível, eu falei para 25 mil pessoas.

NAQUELE MOMENTO, EU SOUBE QUE TINHA CONSEGUIDO, MAIS UMA VEZ, SUPERAR OS MEUS LIMITES.

Mais do que isso: eu havia entendido o mecanismo que podia me fazer passar para o próximo nível, quando fosse necessário.

Quando olho para trás, tenho um grande orgulho de ver que eu tive de escolher roupas, carros, casas, baseado em preços, mas, quanto ao tratamento do Leandro, sempre escolhi o melhor, independentemente do preço.

Cada vez que os gastos aumentavam, eu sabia que tinha de dar mais palestras ou escrever mais livros.

Eu entendo se você tem de trabalhar para ganhar mais dinheiro para conseguir pagar as contas, porque, durante dez anos da minha vida, eu tive de trabalhar para ganhar mais e vou contar algo triste: ser pai de um filho especial me mostrou quantas pessoas se aproveitam de quem está fragilizado nessa situação.

Até hoje, sou explorado por pessoas sem escrúpulos que se aproveitam de eu ser pai de uma pessoa especial. Imagine como foi quando comecei o tratamento do Leandro, cheio de angústias e medos. Apareceram muitas pessoas lindas que nos ajudaram nos tratamentos dele, mas também apareceram pessoas que não tiveram nenhum escrúpulo em se aproveitar do drama.

Talvez você queira saber o que aconteceu com o Leandro Shinyashiki.

Hoje (2021), ele tem 41 anos e, com certeza, é a maior vitória da minha vida. Ele ficou com muitas sequelas, tem uma vida muito limitada, mas, para a nossa família, ele se tornou o exemplo de que somos capazes de superar todas as dificuldades se tivermos clareza do que queremos.

Se você está passando por dificuldades de viver um drama, quero que saiba que esse drama pode ser o início de uma vida abundante. Tenho certeza de que o Leandro foi uma inspiração para que eu crescesse como pessoa e como profissional e tenho essa mesma certeza de que, daqui a alguns anos, você vai agradecer por toda a evolução proporcionada pelo drama que você vive hoje, desde que você tenha a coragem de avançar na direção do próximo sonho.

A vida nunca fica parada.

Nenhuma meta é uma estação final em nossa viagem pelo planeta azul.

Sempre depois de uma montanha tem outra montanha, e depois de um mar tem mais sonhos para realizarmos.

Nós somos como um navio que chega a um porto para nos prepararmos para uma nova viagem.

Realizar uma meta nos prepara para querermos uma nova realização.

Querer mais da vida é um sentimento comum a todos os seres humanos. Sonhar com a próxima viagem, quando chega a um lugar, é supernormal.

Este é o objetivo deste livro: prepará-lo para a nova viagem.

Você foi promovido: curta os aplausos, mas agora é hora de começar uma nova viagem, evoluindo como líder e como gestor para preparar a próxima promoção.

Você montou a sua empresa: curta os aplausos, mas agora é hora de aprender novas competências, criar um time, desenvolver o seu produto e batalhar para realizar o seu projeto.

Você se casou: vamos brindar muitas vezes, mas agora é hora de aprender a viver a dois e criar um casamento de muito amor.

O seu filho nasceu: curta muito o recém-nascido, mas saiba que, a partir desse dia, você terá de aprender a ser pai ou mãe, com todos os medos e alegrias.

Para ajudá-lo nessa viagem, vou ensinar o método que eu uso para ir para o próximo nível ou, como os jovens dizem, ir para o *next level*.

Aliás, esse é o método que ensinei para os meus filhos e ensino nas minhas mentorias.

Esse é o método Shinyashiki para ajudá-lo a superar os limites, alavancar a sua carreira, multiplicar os seus negócios, tornar-se uma referência entre os seus colegas de profissão, deslanchar na sua vida afetiva, criar elos mais fortes com os seus filhos, entrar em forma física e ganhar mais saúde, ter paz de espírito ou simplesmente ter mais tempo para si mesmo.

Sei que você já é uma pessoa de sucesso, mas também sei que quer muito mais da vida. Então vamos viajar no mundo das realizações, porque não podemos pensar em ficar para trás, porque não temos o direito de desistir dos nossos sonhos.

Bem-vindo ao mundo dos realizadores!

01

Cuidado! Você pode estar se esforçando muito sem sair do lugar

Você já correu numa esteira ergométrica?

Todos nós preferimos correr ao ar livre, em contato com a natureza, com a sensação de conquista, mas nem sempre é possível. Por isso, a esteira é uma invenção extraordinária, você pode fazer o seu exercício durante muito tempo sem sair do lugar, em uma academia ou na sua casa.

Agora, você sabia que a esteira ergométrica nasceu como um castigo? Pois é. Dois séculos atrás, os ingleses inventaram de colocar os prisioneiros para correr agarrados a um tubo grande, pisando em paletas. O tubo girava, como uma turbina moderna, e movimentava um moinho que gerava energia – é por isso que em inglês, até hoje, a esteira ergométrica se chama *treadmill*, um piso-moinho.

Hoje em dia, ela é usada como um instrumento para manter a forma.

Mas muita gente ainda leva a vida como se estivesse numa esteira ergométrica existencial, ou seja, se mata, faz uma força danada para ficar no mesmo lugar.

Eu tenho um amigo que costumava dizer: "Eu começo o dia devendo dez; aí trabalho feito um condenado, aumento a minha produtividade, monto equipes para me ajudar e termino o dia devendo vinte". Esteira ergométrica existencial.

E aí fica cada vez mais comum aquela expressão: "Está sobrando mês no fim do meu salário".

Agora, você não precisa viver a vida correndo na esteira ergométrica. Você pode trabalhar para ter a liberdade e o estilo de vida que merece. Correr para ficar no mesmo lugar é o que causa essa angústia que a maioria das pessoas está vivendo. Trabalhar como um escravo e não conseguir ter uma vida que a pessoa merece está causando muita angústia, depressão e desânimo.

A impressão que se criou de que todo mundo vive uma festa, a vida que a maioria das pessoas posta no Instagram, no Facebook etc., é totalmente ilusória. Quantos *influencers* aparecem chorando ou preocupados em seus *posts*?

A maior causa dessa angústia nasce do que é chamado teoria do desamparo aprendido, formulada pelos psicólogos estadunidenses Martin Seligman e Steve Maier.[1]

De tantos resultados negativos, a pessoa desanima. É como os elefantes nos circos de antigamente. O elefante é um bicho enorme, mas quando era um bebê elefante o seu dono o colocou preso a um mastro. O bichinho lutava para escapar e, como não conseguia, criava uma referência de que ele não tinha força para ir aonde quisesse. Quando víamos esse elefante fazer força no espetáculo do circo, sem conseguir escapar, ficávamos com a sensação de poder que o domador de elefantes tinha sobre o animal gigante.

Hoje, vejo muitos adultos que me procuram na mentoria porque vivem como um elefante de circo: uma pessoa poderosa que pensa que não é capaz de realizar os seus sonhos. Parece que elas foram treinadas na infância para não acreditar na sua força e vivem como escravos das limitações do passado.

A mulher que começa uma dieta e perde 5 quilos na primeira semana, mas, a partir daí, não consegue emagrecer mais. O sujeito que comprou um violão e aprende os primeiros acordes, mas não consegue acompanhar os amigos na rodinha de música. A corredora que não consegue fazer um treino com mais que 3 quilômetros. O profissional que conseguiu uma promoção, mas não consegue entregar os resultados. O empresário que montou a sua empresa, mas não consegue tirar uma semana de férias.

Parece que o mundo de hoje é feito de pessoas que estão presas em uma armadilha.

Imaginaram que teriam uma vida dos sonhos com a sua empresa, promoção, casamento ou família e, de repente, se descobrem travadas no mesmo lugar.

A impressão que dá, às vezes, é que a pessoa que emperrou não está fazendo força.

Muita gente fala: meu cunhado não gosta de trabalhar; meu pai se acomodou; aquela minha amiga é preguiçosa.

Mas não é bem isso. A verdade é que, em geral, essas pessoas estão trabalhando como loucas. Só que estão trabalhando do jeito errado.

São batalhadoras que não realizam, ou seja, lutam muito, mas entregam pouco.

E é isso que provoca essa sensação de estar preso num nível inferior ao seu potencial.

É a ilusão de estar preso na esteira ergométrica da vida, gastando uma energia danada sem chegar a lugar nenhum.

Elefante poderoso com autoimagem de filhote preso a uma árvore.

Será que você acredita que pode avançar para o *next level*?

Está na hora de parar de cometer os erros que mantêm você no mesmo lugar. É hora de se transformar, de encontrar um novo jeito de fazer as coisas e passar para o próximo nível.

Existem muitos pontos para analisarmos em relação ao porquê de uma pessoa viver atolada, sem conseguir ir para o próximo nível.

Quer saber alguns?

Mentalidade, atitudes, falta de competências. Nós vamos falar muito sobre esses temas, mas o começo de tudo é você destruir a mentalidade de desistir...

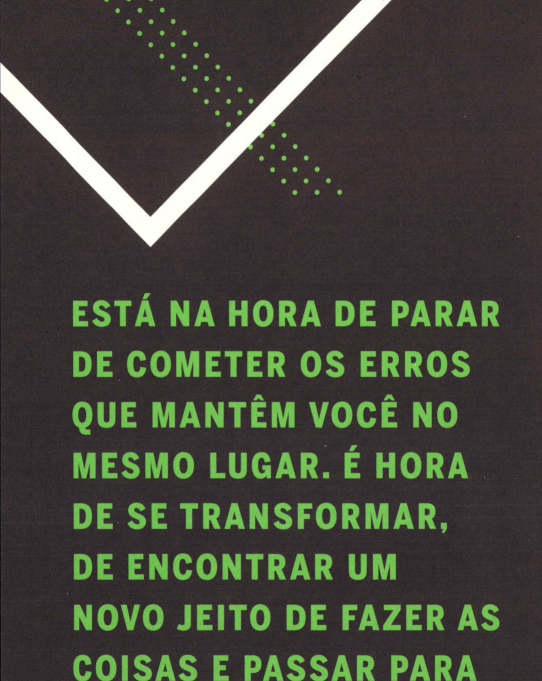

Caracas, pare de desistir do seu sonho! Desistir do projeto. Desistir de viver um grande amor, de ter uma família linda e talvez desistir até mesmo de você.

Aceita o convite para olhar quanto você desiste na sua vida?

Observe quantas desistências tem na sua vida. Talvez você seja um multimilionário e tenha vontade de me dizer: "Roberto, eu realizo todos os meus sonhos".

E eu quero que você responda: você acredita que pode ter paz de espírito? Acredita que pode relaxar totalmente em uma viagem com a família?

É impressionante como tem gente que vive escravo das desistências, sem ter a mínima consciência dessa escravidão.

Para sair dessa escravidão, é preciso conhecer como funciona a psicologia da desistência.

Muita gente cria um estilo de vida em que desistir se torna um hábito.

Uns desistem de metas materiais, enquanto outros desistem de objetivos afetivos.

As grandes conquistas exigem consciência. Você conhece a história do montanhista neozelandês Edmund Hillary?

Ele e o seu guia tibetano, Tenzing Norgay, foram os primeiros exploradores a chegar ao cume do Everest, a montanha mais alta do mundo, na cordilheira do Himalaia. Subiram a 8.850 metros acima do nível do mar, uma altitude em que o ar é tão rarefeito que não dá para respirar direito. Por isso, só conseguiram ficar lá em cima por quinze minutos. O feito aconteceu em 29 de maio de 1953 e entrou para a história.

Porém, um ano antes, Hillary havia participado da expedição britânica ao monte Cho Oyu, também no Himalaia, e a missão fracassou. No ano anterior, Hillary tinha ido outras duas vezes ao Himalaia: uma com uma turma neozelandesa, e a outra com uma missão britânica de reconhecimento do Everest, pelo lado sul. Quer dizer: aquela era a quarta tentativa dele. O que algumas pessoas chamam de fracasso – e a expedição

Cuidado! Você pode estar se esforçando muito sem sair do lugar

para o Cho Oyu foi definida exatamente assim no Reino Unido – outras consideram aprendizado.

Então, para a tentativa de 1953, os britânicos foram para o Nepal extremamente preparados. Tinham 350 carregadores, vinte guias (os Sherpas) e toneladas de suprimentos para apoiar um time de apenas dez montanhistas. Levaram doze dias para chegar à base do pico mais alto, de onde podiam tentar a conquista. Hillary e Tenzing nem foram a primeira dupla a tentar o ataque ao cume. O líder da expedição mandou primeiro outros dois montanhistas, Tom Bourdillon e Charles Evans. Eles chegaram a 100 metros do topo, no dia 26 de maio, mas, como Evans estava exaurido e os dois perceberam que ficariam sem oxigênio se tentassem a subida final, concordaram em desistir.

Três dias depois, Hillary e Tenzing fizeram a sua tentativa. A escolha de Tenzing não era à toa. Ele já tinha participado de outras seis tentativas de chegar ao topo, incluindo uma no ano anterior, com uma expedição suíça. Depois de vencer o último obstáculo (que ficou conhecido como o Passo Hillary), os dois conseguiram alcançar o ponto mais alto do planeta. Entraram para a história. Porque estavam preparados, porque se aproveitaram dos caminhos descobertos pelas dez grandes expedições no Himalaia desde 1921 e porque buscaram recursos – mas, principalmente, porque não desistiram.

Já para Bourdillon, o montanhista que chegou a 100 metros do seu objetivo, segundo seu melhor amigo, Michael Westmacott, a decisão de voltar, em vez de tentar os últimos 100 metros, "foi uma das decisões da qual ele se arrependeu a vida inteira".[2]

Hillary poderia ter abandonado o projeto de escalar o Himalaia e ter ficado em casa se torturando por desistir, ido para outra montanha mais fácil ou até escalar a mesma montanha e desistido antes de chegar ao cume...

A casa dos lordes da Inglaterra resolveu homenageá-lo por sua perseverança de tentar escalar a montanha sem conquistá-la, mas, quando ele foi convidado para falar, olhou para uma pintura da montanha colocada no salão e gritou: "Desgraçada, até agora você me venceu, mas eu quero que saiba que você já cresceu tudo o que podia, mas eu ainda posso crescer e eu vou dar um jeito de dominar você".

Na escalada seguinte, ele cumpriu a sua promessa...

Na vida cotidiana, a gente vê um monte de gente que desiste. Praticamente um em cada três casamentos termina em divórcio.[3] As pessoas desistem de projetos, trabalhos, sonhos, empresas, amores, filhos.

Eu sei que você não é assim. E sabe como eu sei?

Porque quem tem alma de desistente não lê um livro como este.

Mas o germe da desistência é ardiloso. Ele se esconde em pensamentos que parecem naturais e vai crescendo, devagarinho. Quando você menos espera, o seu projeto já está morto. O seu objetivo ficou mais distante.

Por isso, é importante você conhecer como funciona a psicologia da desistência, com os seus mecanismos para formar uma mente desistente.

Ela tem quatro pilares: indecisão, cansaço, acomodação e arrogância.

Isso mesmo. As pessoas desistem porque vivem indecisas, cansadas, acomodadas ou se tornam arrogantes/vaidosas.

Qual desses tipos é o seu?

Vamos juntos!

1. O PRIMEIRO TIPO É O INDECISO

Você já percebeu como existem pessoas cujo estilo de vida é viver indeciso?

Fingem que são inteligentes, arrumam muitos argumentos, fingem que não vão se deixar enganar pelos outros, mas sofrem quando têm de escolher entre dois filmes, restaurantes, lugares para viajar...

Eu estou na minha quinta década de atuação como psicoterapeuta.

Você imagina quantas vezes eu já escutei alguém dizer que estava em dúvida?

Será que eu invisto no meu negócio ou continuo na empresa?

Será que eu tenho filhos ou não?

Será que eu entro nesse negócio de marketing de relacionamento?

Fazem uma expressão de inteligente, mas, na verdade, não têm coragem para assumir uma decisão e mergulhar nessa escolha.

A jovem, depois de muito tempo sofrendo para escolher qual curso queria fazer, mal entra na faculdade e já começa a pensar: "Será que continuo?", "Será que mudo de curso?".

O sujeito finalmente monta o seu negócio e, dois meses depois, esbarra em alguma dificuldade ou lê algum estudo de mercado e já pensa: "Será que é melhor mudar de ramo?".

Esse tipo eu chamo de indeciso bem-informado: ele descobre uma informação, faz cara de inovador e abandona o que está fazendo sem se dar conta de que é um covarde com cara de inteligente.

E a indecisão afetiva?

"Roberto, eu me caso ou não?"

Esse é o covarde com ilusão de missão de vida que me diz: "Eu tenho um propósito e preciso de espaço para viver". A frase é bonita, mas a expressão facial é de puro medo de se envolver e ser abandonado, como foi pelos pais quando era criança.

Muitos vivem meses ou anos na dúvida de assumir um relacionamento, resolvem avançar e se casam, mas só tiveram coragem para uma parte da viagem, porque, alguns meses depois, já mergulham na indecisão novamente: "Será que eu me separo ou continuo casado?".

Depois de muitos anos, descobrem que não foram nem solteiros nem casados, foram indecisos a vida inteira.

Tem a empreendedora indecisa...

A vendedora está indo bem na carreira e, então, começa a dúvida: "Invisto para me tornar uma gerente ou monto a minha empresa?".

E, então, ela mergulha nessa angústia, sem tomar uma decisão. Depois de vários anos, percebe que foi uma vendedora medíocre, pois gastou sua energia na dúvida e não foi nem uma grande vendedora nem uma empreendedora.

Será que o medo alimenta a sua indecisão?

Geralmente, esses adultos foram enganados na infância, e a indecisão é uma forma de se protegerem de sofrer novamente...

Cure as suas feridas e você vai descobrir que não precisa viver como um bebê elefante com medo do seu poder.

Você quer se livrar do traço psicológico de eterno indeciso?

Então mãos à obra. Sei que você estuda, conversa bastante e o que lhe falta é a coragem de ousar.

Muita gente me pergunta: "Onde se arranja coragem?". E eu respondo que ela vem de três fontes.

A primeira fonte de coragem é o amor

Eu contei a história da doença do meu filho Leandro. Ele tinha um problema neurológico, cujo tratamento eu precisava pagar. Cada dia que o colocava na cama para dormir, eu entrava em contato com o amor que sentia por ele e com a dor de imaginar que ele poderia morrer em poucas semanas. Esse amor pelo meu filho foi o que me deu coragem para mergulhar em novas áreas da minha carreira. Minha transformação profissional só aconteceu pelo amor que eu sentia e sinto pelo meu primeiro filho. É lógico que depois vieram os outros filhos – Ricardo, Arthur, André e Marina –, que são as minhas maiores fontes de inspiração para eu avançar na minha vida.

Eu tenho certeza de que você tem um amor infinito pelas pessoas da sua vida. Sentir esse amor vai lhe dar coragem para mergulhar em oceanos desconhecidos.

A segunda fonte de coragem é
o senso de propósito de vida

Basta olhar o que aconteceu durante a pandemia de covid-19. O pessoal da área da saúde foi para a linha de frente enfrentar o vírus. A chance de pegar a doença, para eles, era muito grande. Muitos perderam a vida.

De onde vinha tanta coragem? Do senso de missão de vida, da consciência de que muitas pessoas precisavam deles para viver.

Quando você vê um policial colocar em risco a própria vida para salvar uma pessoa que está ameaçada, aquilo não é pelo salário – que, infelizmente, não é grande coisa.

Quando vemos um professor da rede pública preparar as aulas com carinho, dar atenção a cada aluno, pagando os cursos com seu salário minúsculo para aprender novas metodologias, temos a certeza de que ele é um profissional inspirado por sua missão de vida.

Num patamar diferente, isso acontece todos os dias com milhões de profissionais nas empresas: gente que vai além do que seria exigido porque considera que precisa fazer o certo e tem a coragem para se superar e realizar a sua missão de vida.

É assim que a indecisão vai embora e a sua escolha vai ser para valer.

A terceira fonte de coragem é a honra, a sensação de dignidade

É o que motiva uma pessoa que vai a uma passeata, que sai do conforto da sua casa e avança em uma manifestação, às vezes, arriscando a própria vida. É aquela pessoa que diz: "Eu prefiro morrer em pé a viver ajoelhado".

Outro dia, conversei com o porteiro de um prédio que me contou da alegria que tinha sido fazer horas extras durante vários meses para poder comprar uma bicicleta usada para a sua filha de 5 anos. Esse é um bom exemplo do que estou falando.

Eu me lembro da história de um faxineiro que estava limpando uma área do estádio de honra na abertura dos Jogos Olímpicos e o seu gerente se aproximou dele e falou: "Você não precisa limpar essa área porque ninguém vai ver". O trabalhador sorriu e respondeu: "Chefe, eu imagino que o senhor está falando isso porque temos pouco tempo para limpar o estádio. Mas eu não faço bem o meu trabalho porque Deus vai ver e me aprovar. Eu trabalho para estar perto de Deus, e Ele vai ver se eu fiz o melhor. Portanto, eu vou limpar tudo direitinho e vou acelerar para tudo estar limpo no prazo que nós temos".

Nosso compromisso é com Deus e com a nossa dignidade de fazer com excelência o que precisa ser feito.

Você concorda?

Se você vive em uma indecisão permanente e quer mudar de vida, a receita é muito fácil: ame mais, tenha consciência da sua missão de vida e assuma a sua dignidade.

> **PESSOAS QUE AMAM TÊM CORAGEM PARA ENFRENTAR TODOS OS TIPOS DE DESAFIO.**

2. O SEGUNDO TIPO DE DESISTENTE É O CANSADO

Tem gente que desiste quando percebe que realizar o seu sonho vai dar trabalho.

Tenha sempre claro que, quanto maior o sonho, mais trabalho ele vai dar.

Muitos profissionais que resolvem largar o emprego e criar sua empresa ficam transtornados quando percebem que para construir esse projeto terão de trabalhar muito.

Quando percebem o volume de trabalho, eles se sentem enganados, ficam putos da vida e imediatamente começam a pensar em desistir.

Quer moleza? Come gelatina...

Durante o tempo de alavancagem, vai ter de aguentar a pressão.

Quando um diretor promove um profissional, ele nunca fala: "Você é tão competente que vou promover você para lhe dar um descanso". Promoção significa mais estresse, problemas e, geralmente, mais trabalho.

Muitas pessoas têm a ilusão de que vão realizar as metas sem muito trabalho.

Você decidiu se casar? Vai ter mais trabalho.

Decidiu ter filhos? Vai ter mais trabalho.

Existem pessoas que se sentem traídas quando descobrem que vão ter de se dedicar muito mais se quiserem ir para o próximo nível.

Quando faço uma palestra em uma empresa que está tendo sucesso em uma grande transformação, tenho certeza de que muitas pessoas tiveram de dormir pouco durante muitas semanas; que elas passaram os fins de semana trabalhando; que fizeram muitas reuniões fora do horário de expediente para discutir os novos produtos.

Quando sou paraninfo de uma turma de formatura e vejo os pais dos formandos chorando, eu sei que, para aquela formatura acontecer, aqueles pais que ficaram noites sem dormir tiveram conversas difíceis com os seus filhos, para poder ver realizado o sonho de ter um filho formado na faculdade.

Sei que é assim, porque não existem vitórias sem sacrifício.

Certamente, trabalhar muito não é suficiente para as suas conquistas, mas é um dos passos obrigatórios.

Não estou dizendo que tem de se sacrificar a vida inteira para fazer acontecer, mas que, no início do processo, a dedicação tem de ser plena. Desde ajudar um filho a abandonar as drogas até lançar um novo treinamento.

Existem três tipos de preguiça:

A preguiça de realizar metas objetivas

Existem pessoas que não conseguem realizar metas com data marcada: montar a empresa, ter independência financeira, obter uma promoção, terminar a faculdade, emagrecer 5 quilos.

A preguiça afetiva

Há pessoas que são muito incompetentes em conversar para superar uma dificuldade no relacionamento, ajudar um filho que está passando por uma crise ou, simplesmente, conversar sobre a vida. Para essas pessoas, pensar em abrir o coração já dá um cansaço gigantesco.

A preguiça espiritual

Existem pessoas que, apesar de valorizar a vida espiritual, não têm energia para orar, meditar, conectar-se com uma energia maior ou fazer uma reflexão sobre a sua vida.

Qual dessas preguiças atrapalham a sua ida para o *next level*?
A consciência é o primeiro passo para a evolução.
"Roberto, como eu deixo a preguiça de lado?"

Volte a se apaixonar, porque a preguiça é a falta de paixão

Pessoas apaixonadas não se deixam dominar por sono, cansaço ou mesmo fome, pois a sua mente permanece focada o tempo todo no seu objetivo de conquistar a sua meta.

Como as pessoas perdem a capacidade de se apaixonar?

Quando os adultos desqualificaram os seus desejos e você, em vez de ver que eles não o respeitavam, simplesmente começou a duvidar das próprias escolhas.

Certamente, você se lembra de dezenas, centenas ou milhares de vezes em que os adultos quiseram fazer você mudar de ideia sobre uma paixão.

Você se lembra quando queria jogar boliche, mas o seu pai brigava para você jogar futebol pois era um esporte que daria mais dinheiro?

No fim, você não jogou nem boliche nem futebol.

Aliás, ficou com raiva de esportes, porque a única memória que você tem são as brigas com seu pai para ser respeitado.

Geralmente, abandonar o seu desejo custa a sua capacidade de se apaixonar.

Você queria fazer Engenharia da Computação, mas o seu pai advogado queria que você fizesse Direito. Depois de anos de brigas, você não desenvolveu a paixão por Direito e perdeu a paixão por Computação.

"Mas, Roberto, como resgatar a minha capacidade de me apaixonar?"

Simples: comece a se apaixonar por você e por sua vida.

Todos os dias quando acordar, comemore ser você.

Comemore ter a oportunidade de realizar os seus projetos, celebre o seu poder de ser você.

Também, ao ir dormir, celebre as suas conquistas durante o dia, por menores que sejam. Não deixe que a sua mente fique se torturando com frases de críticas para você. Apague os diálogos internos negativos da sua mente e valorize o seu poder de realizar.

Você vai descobrir em alguns meses a alegria de ser você.

Principalmente, programe o seu cérebro para viver apaixonado.

"Roberto, como programar o meu cérebro?"

Vou contar como eu programei o meu cérebro para adorar comidas saudáveis.

Eu era obeso, sedentário, tinha pressão alta, como consequência de ingerir comida engordativa.

Um dia, eu assisti a uma palestra sobre programar o cérebro e me dei conta de que dava ordens erradas a mim mesmo.

Eu chegava para almoçar e, quando olhava as comidas, pensava:

"Que delícia, tem torta de frango!"

"Sensacional, tem bife à milanesa."

"Ótimo, tem cheeseburguer!"

"Maravilha, tem refrigerante."

"Que almoço ótimo! Olha quanta sobremesa!"

Por outro lado, quando chegava em um almoço e tinha saladas eu pensava:

"Que pena, só tem saladas."

"Que chato, comida vegetariana..."

"Que almoço ruim, só tem frutas de sobremesa."

Ou seja, eu celebrava comidas engordativas e lastimava comidas saudáveis.

A partir dessa palestra, eu decidi programar meu cérebro de maneira mais saudável. Quando chego em um almoço e vejo saladas, imediatamente falo para mim:

"Que delícia, quantas saladas lindas!"

"Esses brócolis devem estar deliciosos!"

Ao mesmo tempo, quando vejo comidas engordativas eu me lastimo:

"Que pena, bife à milanesa."

"Que lástima, carne pesada para eu ficar digerindo a tarde inteira."

E, progressivamente, eu perdi o interesse em comidas engordativas e comecei a adorar comidas saudáveis.

É lógico que eu como um pedaço de torta de palmito e adoro uma sobremesa, mas comê-las é uma exceção, ainda que, muitas vezes, tenha um cara chato que, quando me vê comendo um doce, me aponte o dedo e procure me mostrar que eu sou um perdedor como ele.

Você se lembra daquela tia que tem a cara da bruxa da Bela Adormecida e fica falando que você não está se alimentando direito quando você quebra a sua dieta para experimentar um pedaço de doce?

Em vez de sentir raiva dela, sinta pena, porque o seu diálogo interno é: já que eu sou infeliz, eu não vou deixar ninguém ser feliz.

E você deve realizar a sua paixão, independentemente se os outros o aplaudam ou vaiam.

O importante é você programar o seu cérebro para ele gostar do que você quer gostar.

Tem gente que programa o cérebro para falar mal dos outros, reclamar da vida, ficar discutindo na hora do almoço. Outras pessoas programam o cérebro para agradecer, celebrar e curtir a presença dos familiares.

Tudo é baseado na maneira de você programar o seu cérebro.

Celebre virtudes e lastime vícios.

E você perceberá que aos poucos vai criar um ambiente em que as pessoas, ao seu redor, também celebram virtudes e lastimam vícios.

3. O TERCEIRO PILAR É A ACOMODAÇÃO (O FAMIGERADO "JÁ ESTÁ BOM")

O sujeito tem dois filhos, mora num quarto e sala, a escola das crianças não é lá essas coisas, mas para ele "já está bom".

A empresária tem uma padaria que podia crescer, melhorar os produtos, abrir uma filial ou criar um cardápio para o almoço, mas ela se acomoda e prefere deixar do jeito que está – "já está bom".

Muitas pessoas realizam uma meta e não percebem que existe uma imensidão de vida depois dessa meta.

Eu me lembro de que, quando garoto, vivia em Santos e ficava horas olhando o mar e me perguntando: "O que tem do outro lado do mar?". Imaginava que, dependendo da posição em que eu estivesse sentado, estaria a África ou a Europa. Ou seja, existem muitos horizontes além de uma vista.

Infelizmente, muitas pessoas pensam que a vida acabou quando ela arrumou um emprego, montou sua empresa, se casou ou teve um filho. Acomodam-se e começam rapidamente o processo de decadência.

A vida é como andar de bicicleta. Se você parar, vai cair rapidamente.

A generosidade destrói a acomodação

Quando o Caio Júnior treinava o Palmeiras, ele me convidou para uma conversa no clube e, quando o treinador do time sub-23 me encontrou, ele me pediu para falar por quinze minutos com a equipe.

É lógico que aceitei imediatamente e me perguntei sobre o que eu poderia falar em tão pouco tempo. Até que tive a inspiração de começar com a seguinte pergunta: "Qual é o seu maior sonho?".

Para compreender a situação desses atletas, é importante saber que jogar no time sub-23 é talvez a última grande oportunidade da carreira deles, porque quem teve sucesso já foi promovido para o time profissional, foi vendido ou emprestado para outra equipe.

Então eles começaram a falar:

"Meu sonho é jogar no time profissional."

"Meu sonho é jogar no Milan."

E falaram vários times europeus, até que um garoto falou:

"Meu sonho é dar uma casa para os meus pais."

E, depois dessa frase, vários jogadores repetiram a mesma resposta.

Para entender esse sonho deles, é importante lembrar que a maioria absoluta teve uma infância muito pobre, em que a família precisou fazer muitos sacrifícios para que cada um se desenvolvesse como jogador profissional.

Então eu perguntei: "Quanto custa a casa dos seus pais?".

Daí, começaram as respostas baseadas em números:

"A casa dos meus pais vai custar 200 mil reais."

Outro: "400 mil reais".

Até que eu provoquei: "Vocês não entendem nada de futebol...". E a turma me olhou com surpresa.

A casa dos seus pais custa você ser o primeiro a chegar e o último a sair do treino; custa buscar se aprimorar o tempo todo.

"Por que vocês querem dar essa casa para eles?"

"Porque eles se sacrificaram muito e eu amo muito minha família" – respondeu um deles.

Então resolvi fazê-los aprofundar mais essa reflexão: "Sabe o que é o amor dos seus pais? É quando alguém oferece bebida na véspera do jogo e você recusa, dizendo 'eu vou me cuidar, porque amanhã eu vou ganhar a grana para comprar a janela da casa dos meus pais'. Amar os seus pais é quando a garota convida você para passar a noite na véspera do jogo e você recusa, dizendo 'amanhã eu vou comprar o chuveiro da casa dos meus pais'".

Infelizmente, a maioria dos jogadores que dizem que amam seus pais preferem a bebida e a farra, em vez de focar o sonho. E os pais continuam morando no barraco em que sempre moraram.

Amor não é simplesmente um sentimento.

Amor é o combustível para você querer sempre dar o melhor para as pessoas que ama.

Quer ter energia para evoluir sempre e realizar a sua meta? Pense nos seus filhos, no seu companheiro, nos seus pais, e você vai descobrir que o seu coração é uma fonte inesgotável de força para avançar.

Para destruir o espírito do "já está bom", você tem de desenvolver o espírito de grandeza.

Eu vou contar outra história pessoal que mostra o espírito da minha mãe. Eu tive uma infância pobre. Minha mãe era empregada doméstica, meu pai, balconista de farmácia de subúrbio, e a gente vivia em um bairro muito pobre. E a minha mãe sempre dizia: "O Roberto vai ser médico". As amigas dela falavam: "Benedita, olha onde nós moramos, fala para o Roberto trabalhar na farmácia que nem o Paulo, para ele não ficar sonhando demais, senão vai se tornar uma pessoa revoltada".

E aí a minha mãe respondia: "Não importa de onde eu venho, não importa onde eu estou, importa aonde eu quero chegar".

É superlindo ver onde os filhos da dona Benedita chegaram.

Se você tem esse espírito de grandeza, não tem obstáculo, não tem dificuldade que pare você.

Tenha um coração grande e ensine o seu filho a ter em mente que, depois de uma montanha, tem sempre outra montanha que ele pode escalar.

4. E O QUARTO PILAR DA DESISTÊNCIA É A ARROGÂNCIA/VAIDADE

A pessoa se dedica intensamente a realizar a sua meta, atinge uma vitória significativa e fica arrogante.

Então passa a ter uma atitude de sabe-tudo e dona da verdade. Para de escutar pessoas diferentes, perceber as mudanças no mercado, observar novas ideias e vai ficando ultrapassada.

Em vez de ser humilde e estudar essas mudanças, a pessoa arrogante mantém uma atitude de todo-poderosa e passa a viver como um rei solitário. Pensa que continua mandando no mundo, mas não percebe que ninguém mais quer escutá-la.

Sem perceber, ela vai abandonando os hábitos que a levaram ao sucesso.

Para de estudar, conversar sobre novas ideias, aprender os novos conhecimentos e ousar em novos projetos.

Em vez de abrir mão da vaidade, ela vai abandonando os seus projetos.

Pare um minuto para pensar qual desses pilares da psicologia da desistência está fazendo você ficar cada vez mais longe dos seus sonhos.

A ambição de ajudar mata a arrogância/vaidade

Há alguns meses, conversei com Bárbara Minuzzi, especialista em investimentos em startups, sobre bilionários. Na ocasião, ela me mostrou uma ideia muito interessante: existem dois tipos de bilionário. Um deles é formado por pessoas que trabalham para ser muito mais ricas, e o outro é formado pela maioria dos bilionários jovens que ficaram ricos porque queriam ajudar muitas pessoas.

Esses jovens ficaram bilionários quase por acaso: eles serviram à humanidade e, como subproduto dessa dedicação, receberam essa fortuna como retribuição.

Se você observar esse grupo, vai perceber que eles não têm grandes ostentações, vestem-se com simplicidade, vivem com austeridade, têm o mesmo carro há muitos anos.

Observe uma pessoa arrogante e você vai perceber que ela trocou o foco da sua vida de servir para ser servida.

Tem uma piada que mostra muito essa distorção.

O controlador de um navio da Marinha estadunidense avistou uma luz à sua frente e, como não estava se localizando, avisou o comandante, que ligou o alto-falante a todo volume e falou: "Seja o que estiver em nossa frente, saia, senão vamos passar por cima e destruí-lo".

Ao que recebeu como resposta: "Senhor comandante, pode avançar se quiser, mas vai destruir o seu navio, porque aqui é do farol do Canal de Gibraltar".

Assim é que a pessoa arrogante pensa e age: ela está perdida, não sabe o que fazer, mas quer ser obedecida e, frequentemente, provoca a própria destruição.

A decadência acontece quando o querer ser obedecido se torna mais importante para você do que obedecer.

Quando mandar se torna a sua obsessão, você para de aprender e quer ensinar o tempo todo, sem perceber que as pessoas ao seu lado não valorizam as suas ideias e acabam abandonando você.

Qual é o remédio para isso?

O melhor remédio é se perguntar: "Tem alguma maneira melhor de eu servir às pessoas do que a maneira como eu faço?".

São essas questões que vão criar um estilo de vida de permanecer jovem, ter a mente aberta, o coração abundante e muita alegria de viver.

Sempre coloque-se em situações nas quais você seja um ignorante à procura de conhecimento, uma pessoa de sucesso querendo ser mais sábio e uma pessoa que usa o seu poder para ajudar a humanidade.

Meu pai sempre falava: "Não perca a oportunidade de fazer alguém sorrir". Se você vive para fazer as pessoas felizes, vai acabar sempre evoluindo e realizando os seus sonhos.

Resumindo:

Indecisão? Ponha coragem que você avança.

Vai dar muito trabalho? Seja um apaixonado.

Achando que já está bom? Desenvolva generosidade.

Percebe que está virando o rei solitário? Aumente a sua ambição de ajudar as pessoas. Para que esses pilares fiquem mais claros na sua mente, preste atenção na história a seguir.

A IMPORTÂNCIA DE ASSUMIR A VERDADE...

Certa vez um discípulo perguntou ao seu mestre:
"Qual o valor da verdade?"
Tirando um anel do dedo, o mestre lhe respondeu:
"Pergunte naquelas lojas populares quanto eles pagam por este anel."
O jovem saiu. Algum tempo depois voltou e disse:
"Mestre, o máximo que eu consegui foram três moedas de prata."
O ancião então deu a ele uma nova ordem:
"Agora vá até aquela loja sofisticada e veja quanto consegue."
Minutos depois o jovem volta empolgado e diz:
"Senhor, eles ofereceram 100 moedas de ouro!"
O mestre então sorriu e respondeu:
"A verdade é valiosa para quem conhece o valor das coisas."

Quando uma pessoa não assume a verdade para si mesmo ela inventa histórias para esconderem a verdade dos fatos.

Tudo pode servir como desculpas para quem não tem consciência de que precisa aprender os segredos de uma carreira ou de um negócio... Eu posso fazer uma lista dos absurdos que eu já escutei sobre carreiras e negócios que não dão certo:

- o **Médicos dizendo que ninguém valoriza a medicina séria;**
- o **Advogados dizendo que não fazem sucesso porque tem muitos advogados;**
- o **Psicólogos dizendo que não tem pacientes porque as pessoas preferem contar os seus problemas para os pastores nas igrejas evangélicas do que fazer um trabalho profundo;**
- o **Empreendedores afirmando que a onda de startup já passou;**
- o **Empresários de franquias dizendo que franquias são um barco furado.**

Um dos maiores exemplos de um negócio superinteressante que as pessoas usam para a criação de justificativas de fracasso é o trabalho com empresas de marketing multinível.

"Roberto, o que é uma empresa de marketing de relacionamento ou marketing multinível?"

Para entender o fundamento desse negócio é importante entender um costume: indicar os produtos de que você gosta é algo normal na vida de todo mundo. Por exemplo, você conhece e gosta de uma nova pizzaria no bairro, passa a indicá-la para os seus amigos e familiares e eles começam a frequentar essa pizzaria. O dono dessa pizzaria não tem um sistema de remuneração, mas se esse estabelecimento tivesse um sistema de marketing de relacionamento você seria remunerado por essa indicação e se você trouxesse mais pessoas para divulgá-la seria mais bem remunerado ainda.

Existem centenas de empresas que trabalham nesse sistema, algumas maravilhosas e outras péssimas. Para mim, as empresas de marketing de relacionamento sólidas têm uma das formas de negócio mais prósperas que existem.

Atualmente muitas pessoas me perguntam o que eu penso sobre trabalhar com marketing de relacionamento e eu respondo que é uma grande opção desde que você não cometa os cinco erros clássicos de quem perde tempo e dinheiro nesse negócio:

1. **Ter expectativa de ganhar dinheiro fácil;**
2. **Escolher uma empresa amadora;**
3. **Escolher um líder incompetente;**
4. **Não aprender os fundamentos do negócio;**
5. **Não dar suporte para a sua equipe.**

Ou seja, no momento em que se decidir por trabalhar em marketing multinível tenha claro que vai ter de trabalhar muito, como em qualquer profissão ou empresa. Escolha uma empresa sólida, escolha um líder que o apoie, aprenda os fundamentos do negócio e ajude as pessoas a crescerem dentro da sua organização.

Eu especialmente gosto desse negócio porque nele você vai aprender a ter mentalidade profissional inovadora, uma dinâmica de negócio poderosa e muito testada, ajudar muitas pessoas a terem sucesso e ainda vai receber mentoria diária para saber fazer acontecer (em algumas empresas você vai ter a oportunidade de ter palestras comigo).

"Roberto, essa orientação serve para todas as carreiras ou negócios?"

Sim, se você estiver em um processo de ser contratado para trabalhar em uma empresa pense em não cometer os erros básicos: não pense que vai ganhar dinheiro fácil, não deixe de escolher bem a empresa e o seu líder, conheça profundamente o negócio e ajude as pessoas a terem sucesso.

Se você entrar em qualquer negócio achando que vai ganhar fácil, se errar no momento da escolha, se não conhecer profundamente o negócio nem ajudar as pessoas o preço a ser pago vai ser muito alto.

Normalmente quando uma pessoa diz que um negócio deu errado, o que ela está dizendo na verdade são quatro coisas:

1. **Pensei que iria ganhar dinheiro fácil e em vez de assumir que tenho de me dedicar mais vou procurar outra empresa para manter as mesmas ilusões;**
2. **Errei nas escolhas e agora procuro um culpado pela minha decisão;**
3. **Não estudei para conhecer o negócio e vou em busca de algo de que eu não preciso estudar a fundo;**
4. **Não ajudei as pessoas a terem sucesso e quero procurar outro negócio no qual eu não tenha que lidar com seres humanos.**

Nós sabemos que o começo do sucesso é assumir as verdades e mudar a nossa mentalidade para termos sucesso.

Como disse o mestre ao seu discípulo: a verdade só tem valor para quem valoriza a verdade. Quando assumimos as verdades não vamos precisar desistir para manter as ilusões.

02
A dinâmica do sucesso e fracasso

VOCÊ MERECE UMA VIDA DE MUITO SUCESSO

Todos os seres humanos deveriam ter uma vida com MAIS... Assim mesmo, com letras maiúsculas. Uma vida com mais sucesso, mais amor, mais alegria, mais dinheiro, mais tempo para si mesmas. Uma vida com mais significado.

Infelizmente, não é isso o que a gente enxerga por aí. Por quê? Porque as pessoas criam uma vida "já está bom". Geralmente, elas têm o ímpeto de realizar alguma coisa, mas em algum momento travam.

Para deixar esse conceito vivo na sua mente, relaxe alguns minutos e imagine a sua vida no próximo nível: carreira com muitas realizações, mais dinheiro, mais amor, mais companheirismo com os seus filhos, mais alegria de viver, mais paz de espírito.

> **DEIXE A SUA IMAGINAÇÃO CORRER SOLTA E CURTA MUITO: QUANTO MAIS VOCÊ TIVER ISSO CLARO NO SEU CORAÇÃO, MAIS VOCÊ VAI REALIZAR.**

Infelizmente, as pessoas não se permitem sonhar; e, quando você não se deixa imaginar, acaba ficando preso aos limites que se impõe...

Você já deve ter visto essa realidade muitas e muitas vezes ou passado por momentos assim.

Isso acontece quando você cria um produto, consegue levá-lo ao mercado, começa a vendê-lo, recebe elogios, mas, em algum ponto, as vendas ficam limitadas, você não consegue vender mais do que determinada quantidade.

Ou quando um médico, com uma clientela de quarenta pacientes particulares há anos, quer aumentar essa clientela, mas não consegue avançar.

Ou quando um gerente, que é admirado pelos colegas e dá bons resultados para a empresa, nunca é promovido a diretor.

Ou ainda quando um empresário é bem-sucedido, mas, como pai, não consegue tirar férias com os filhos por mais de uma semana no ano.

Ou quando o relacionamento de um casal, junto há dez anos, cai na rotina, e eles não conseguem mais fabricar aquelas pequenas alegrias cotidianas que são o melhor tempero de um relacionamento.

Se você já passou por alguma situação dessas – e eu aposto que sim –, deve viver com aquela pulguinha atrás da orelha sussurrando: "Por que eu não consigo superar esses limites?".

E, se você não supera os seus limites, eu tenho uma péssima notícia para lhe dar: você vai ficar para trás. Nas minhas palestras, costumo provocar a plateia com uma pergunta: "Se você faz o que sempre fez, vai ficar onde sempre esteve. É verdade ou mentira?". A turma costuma responder que é verdade. Aí eu digo: "Não! É mentira! Se você dá aulas de datilografia, não vai ter mais nenhum aluno".

"Roberto, mas eu não dou aulas de datilografia!"

Esse comentário é simbólico...

Mas, se você é um profissional da saúde, você liga no dia seguinte para o seu paciente para saber se ele está melhor? Ou você acha que o seu compromisso com ele termina quando ele sai do seu consultório? Achar que o compromisso termina quando o cliente sai da sua sala é coisa de professor de datilografia.

Imagine que você seja uma arquiteta que desenha plantas extraor-dinárias. Você tem dez anos de experiência e os seus desenhos são ótimos. Mas será que você sabe fazer uma apresentação em 3D para mostrar para o seu cliente como ficará o seu projeto em todas as pers-pectivas? Aliás, será que, além de mostrar o projeto em 3D, você tem a sensibilidade de mostrar como ficaram as ideias dos seus clientes com precisão?

Você é uma professora de datilografia arrogante se não mostra o projeto em 3D.

É importante ter claro que o conhecimento que você tem vai ficar ultrapassado rapidamente. É o que o matemático estadunidense Samuel Arbesman chama de meia-vida dos fatos. Meia-vida é um conceito da química: é o tempo que um material radioativo leva para ser reduzido à metade, ou seja, metade dos átomos radioativos se dissipem. O que Arbesman argumenta no livro *The Half-Life of Facts* (A meia-vida dos fatos)[1] é que tudo o que a gente aprende perde a validade rapidamente. Alguns fatos ficam velhos em questão de segundos. O jornal de hoje só vai servir para embrulhar peixe amanhã. Hoje em dia, as notícias ficam velhas no mesmo instante em que são publicadas em algum site.

Há quanto tempo você não lê um jornal impresso?

Se você quiser imaginar como as pessoas se sentem quando con-versam com você, leia um jornal impresso depois de três dias de ser publicado.

Para estarmos atualizados, precisamos estudar com profundidade mais rapidamente. Precisamos ter claro o que é passageiro e o que é sólido.

Os princípios são fundamentais, mas a tecnologia é passageira.

Respeito ao próximo e entrega com excelência são sólidos, mas o conhecimento é passageiro.

Para ter uma vida MAIS, você vai precisar ter claro como evoluir sem perder os princípios, mas com a capacidade de evoluir permanentemente.

Quer um exemplo na vida afetiva?

Muitas mulheres têm vergonha de paquerar nos aplicativos de relacionamento. Coisa de professora de datilografia!

Antigamente, os jovens paqueravam nas missas de domingo, no meu tempo de estudante de Medicina as pessoas paqueravam nas praças, depois paqueravam nos clubes, hoje menos nos clubes porque eles estão diminuindo de tamanho.

Paquerar nas faculdades é relativamente recente, pois algum tempo atrás as mulheres não frequentavam esses locais.

Hoje, as pessoas flertam nas academias.

O que importa não é o lugar onde você paquera, mas se você consegue escolher uma pessoa legal para ficar.

É fundamental manter os seus princípios mas ao mesmo tempo conseguir evoluir para não desistir dos seus sonhos.

O EFEITO PLATÔ: POR QUE TANTAS PESSOAS DESISTEM

"Roberto, por que eu vivo desistindo dos meus projetos?"

A primeira coisa a saber é que você não é o único. Uma hora ou outra, todo mundo atinge um ponto de estagnação e, nesse ponto, é que vem o desejo de desistir. O consultor Hugh Thompson e o jornalista Bob Sullivan descobriram que existe um efeito platô, que descrevem no livro de mesmo nome[2] e afirmam que o organismo acaba se adaptando a qualquer mudança e vai exigir sempre mais para produzir o mesmo efeito.

O efeito platô acontece por vários mecanismos, mas estes são os dois principais:

o **Fator adaptação: você começa uma dieta e o emagrecimento, no princípio, acontece rapidamente, mas o seu corpo se adapta a essa dieta e o seu cérebro procura armazenar gordura para**

garantir sobrevivência, pois essa é a função principal do cérebro; depois de algumas semanas, você vai voltar a ter dificuldade para emagrecer;

o **Fator regressão: você começa a usar o programa Microsoft Excel e isso é um novo hábito, mas o seu cérebro não estava acostumado a usá-lo. Então, depois de algum tempo, a sua tendência será parar de usar o Excel e voltar a fazer planilhas manuais, e o seu nível de entendimento do uso de Excel vai tender a estacionar e, muitas vezes, regredir.**

O efeito regressão é a explicação para entender por que você volta a comer doce depois de algumas semanas em uma dieta restrita de carboidratos: o seu cérebro tende a voltar aos hábitos antigos.

Então começa uma luta no seu cérebro: uma parte quer ter uma vida melhor e essa é a razão para você começar novos projetos, enquanto outra parte tende a se adaptar e regredir.

O problema não é chegar a um platô, pois isso acontece com todo mundo. O ponto-chave que vai determinar a evolução da sua vida é como você reage ao platô. Então o que eu lhe digo é: quando você estiver num platô, não cometa o erro fatal que a maioria das pessoas comete, que é desistir porque está tendo problema em evoluir.

Vamos analisar mais alguns exemplos bem simples para entender o porquê de muitas pessoas desistirem quando param de evoluir.

Digamos que você começou a aprender a tocar violão e aprendeu rapidamente os conceitos básicos. Para alguém que não tocava nada, conseguir tocar uma música para a namorada é uma grande evolução. Aí o professor ensina a fazer uma pestana, que é uma posição um pouco mais difícil com os dedos. Você aprende mais três músicas e fica feliz, porque tocar três músicas é outro grande salto. Você toca mal, mas toca alguma coisa. Depois de uns poucos meses, percebe que estacionou: tocar mal não é mais suficiente, você quer tocar bem, mas não consegue

A dinâmica do sucesso e fracasso

evoluir. Agora, para avançar, precisa de uma dedicação maior, contratar um professor melhor, observar os detalhes para continuar a se desenvolver. Aí você percebe a escolha – evoluir ou desistir.

Outro exemplo: você começou a treinar, seja corrida, seja musculação. No início, você percebe o progresso. Sente os músculos se avivarem. Mas, depois de alguns meses, percebe que aquele treino de quarenta e cinco minutos, duas vezes por semana, com aquele método, não está trazendo o mesmo progresso. É o platô chegando e, para continuar evoluindo, você precisa ter uma dedicação muito maior.

É nessa hora que as pessoas costumam tomar o caminho errado.

E qual é o caminho errado? É qualquer caminho que não seja de superar as dificuldades para continuar evoluindo.

Eu tenho lidado muito com o mundo dos negócios digitais e tenho observado esse mesmo fenômeno. A pessoa monta um treinamento on-line, investe em marketing, vende cem treinamentos e fica toda feliz com o faturamento. "Uau! Achei o meu caminho!". Depois de vender os primeiros cem, ela se dá conta de que, apesar do valor interessante do faturamento, a margem de lucro foi pequena, e ela percebe que, para ganhar quanto ela quer, vai precisar vender mil treinamentos. Aí começa o desafio de vender os próximos cem treinamentos, pois ela se deu conta de que vendeu uma parte para os seus amigos da empresa que trabalha e outra para familiares e amigos do clube. Agora vai ter de vender para desconhecidos, e, então, ela começa a pensar em desistir. Muitas vezes, ela insiste em vender o mesmo curso para pessoas que já compraram ou já mostraram que não querem comprar.

É lógico que existem muitas estratégias para evoluir e vender muito mais, mas a desgraça é que uma amiga lhe pede que dê aulas como *personal trainer* e ela aceita para fazer algum dinheiro.

Depois de três meses, já abandonou o marketing digital e vai tentar começar a carreira de preparadora física, ou seja, desistiu quando atingiu o platô.

DESISTIR QUANDO ATINGIR O PLATÔ NÃO PODE SER UMA ESTRATÉGIA DE VIDA

O agronegócio é um bom lugar para entendermos o mecanismo de se tornar um batalhador ou um realizador, ou seja, de construir pouco ou muito sucesso.

O mercado do café, por exemplo, é muito competitivo e exige que o cafeicultor esteja sempre observando os desafios e agindo rápido para aproveitar as oportunidades do mercado.

Quem estuda, inova e implementa pode ter muito sucesso, mas, para isso, tem de ter mentalidade de superação.

Tem fazendeiros que desistem de plantar café quando sofrem intempéries, pragas, doenças ou mesmo retração no consumo. Quando desiste, ele pode optar por uma plantação de cereais, eucalipto, laranja; e, quando desiste pela segunda vez, ele pode partir para a criação de gado.

Geralmente, quando desiste do café e parte para o eucalipto, ele já entra nesse negócio pressionado para ganhar dinheiro rapidamente, porque teve de gastar muito para destruir a plantação de café e investir na nova plantação.

A desgraça é que quem desistiu de uma plantação vai desistir de outra, porque, geralmente, qualquer dificuldade que aparecer ele vai "pular fora".

O realizador, quando decide plantar café, persiste até produzir o melhor café do Brasil.

Se o batalhador decidir plantar café, ele corre o risco de destruir a sua plantação se, depois de dois anos, não tiver conseguido a primeira colheita, ou ele pode decidir mudar a sua plantação na primeira praga ou se a cotação do café cair. Na primeira crise, ele pode decidir plantar outra coisa.

Por que ele muda tudo? No seu imaginário, ele muda porque leu um artigo interessante sobre eucalipto. Como há uma cobrança interna por resultados, ele vai mudar mais rapidamente de plantação cada vez que tiver um problema.

O realizador estuda, analisa e trabalha para produzir o melhor café do país, enquanto o batalhador fica trocando de lavoura na esperança de descobrir um atalho e acaba se perdendo nesse processo de desistência.

"Roberto, mas eu não sou do agronegócio!"

Sei que a maioria dos meus leitores não são do agronegócio, mas quero que você use essa imagem para ter consciência de que mudar de plantação pode ser a desgraça da sua vida.

Você pode ser dono de um restaurante que está sempre mudando o formato do seu negócio, um profissional liberal que não dá profundidade ao seu trabalho ou simplesmente uma pessoa que quer viver um grande amor, mas destrói os seus relacionamentos por ser muito crítica.

O meu desafio neste livro é ajudá-lo a acabar com essa mentalidade de trocar de negócios o tempo todo e aprender a ir fundo, até conseguir ir para o *next level*.

"Roberto, e o que eu devo fazer?"

Acabe com essa mentalidade de ter sempre uma novidade: negócio novo, companheiro novo, carreira nova, e aprenda a se aprofundar.

Um dos maiores erros na vida afetiva é viver buscando um grande amor, porque um grande amor não pode ser encontrado, ele tem de ser construído.

Defina, enfrente todos os obstáculos, dedique sua energia e celebre suas vitórias.

Chega de inventar novidades superficiais como um batalhador! Agora é hora de se aprofundar para ser um realizador!

Se você percebe que está sempre trocando de lavouras, está na hora de escolher aquela pela qual você vai dar a sua vida até ter sucesso total.

A HORA DE SAIR DO PLATÔ

A maior parte das pessoas trabalham muito, mas conseguem poucos resultados positivos porque trabalham errado.

UM DOS MAIORES ERROS NA VIDA AFETIVA É VIVER BUSCANDO UM GRANDE AMOR, PORQUE UM GRANDE AMOR NÃO PODE SER ENCONTRADO, ELE TEM DE SER CONSTRUÍDO.

O verdadeiro drama é das pessoas que se esforçam e não conseguem o resultado que merecem – ficaram atrapalhadas quando encontraram o platô.

"Roberto, o que posso fazer quando eu me der conta de que estou no platô?"

Você tem três caminhos quando atinge o platô:

- Desistir e começar outro projeto para ter a sensação de que está avançando; infelizmente, esse é o caminho da maioria da população; no caso do agronegócio, ficar mudando de plantação em busca de uma solução milagrosa;
- Continuar no platô até que a decadência leve à depressão, ou seja, ficar do jeito que está e se acomodar com os resultados cada vez mais insatisfatórios;
- Assumir uma atitude de evoluir permanentemente, arregaçar as mangas e aprender uma nova maneira de avançar o tempo todo para entender de plantação, comercialização e inovação do café.

No momento em que os problemas aparecerem, a primeira providência é se dar conta de que está num platô. Ou seja, tomar consciência na sua cabeça. Porque o seu corpo já sabe. Você já está sentindo uma angústia, um aperto no peito, uma queimação no estômago, a sensação de estar correndo na esteira ergométrica da vida, correndo muito, cansado, sem sair do mesmo lugar.

Você tem vontade de largar tudo quando você sente essa queimação e não busca evoluir.

Os sintomas psicossomáticos são um ótimo aviso que está na hora de estudar, pois, quando você começou, tudo era uma maravilha. Você estava na fase do sonho, da expectativa. A sua ideia era fantástica, não tinha como dar errado. Claro: era você e o seu projeto.

Os concorrentes ainda não tinham reagido aos seus movimentos, você não tinha testado as reais dificuldades de fazer o cliente colocar o cartão de crédito na sua "maquininha". Se você estava no início de um relacionamento afetivo, ainda não havia rusgas, era só paixão. Se você estava esperando um filho, só pensava no quanto ia brincar com ele. As noites em claro, as preocupações eram um cenário distante, quase folclórico.

Aí veio a realidade, os obstáculos. Mas você ainda quer se agarrar à fantasia. Então vêm aqueles pensamentos: "O meu projeto era uma porcaria", "Me enganei, essa não é a mulher da minha vida", "Eu nunca vou ser um bom pai".

Não se deixe dominar por esses pensamentos. Analise o seu projeto. Perceba que você está num platô e avance.

"Roberto, como eu avanço?"

Continue aqui comigo que eu vou explicar para você como avançar.

03

Seja um realizador: dá menos trabalho e mais plenitude

POR QUE HÁ PESSOAS QUE LUTAM MUITO, MAS NÃO TÊM SUCESSO?

Repetindo: tenho certeza de que, apesar de estar tendo pouco sucesso, você não é um preguiçoso, pois esses não vão ler um livro do Shinyashiki.

Eu sei que você é um batalhador, mas por que você luta como um guerreiro e os resultados não acontecem?

Eu comecei a estudar esse fenômeno há mais de quarenta anos, quando ainda estava no começo das minhas mentorias e treinamentos. Eu mal conhecia uma turma nova, mas já ficava claro que, mais ou menos, metade das pessoas estava cheia de energia, se entregava ao treinamento, enquanto outra metade estava ali, sem abraçar, de fato, aquela experiência. Falando de maneira simplória, tinham os dedicados e os preguiçosos.

Para mim, era óbvio que os que se dedicavam teriam muito sucesso, ganhariam muito dinheiro e teriam uma boa reputação, e aqueles que não se dedicavam não teriam sucesso. E, de fato, quem não se dedica não alcançavam as suas metas.

Contudo, observei um fenômeno interessante: entre os que davam o sangue, não era todo mundo que tinha muito sucesso, ou seja, não era todo mundo que se dava tão bem quanto eu imaginava, quando via sua participação na sala de aula. Uns dois, três, quatro anos depois de um treinamento, eu via que de 70% a 80% daquele pessoal animado tinha resultados apenas bons, enquanto de 20% a 30% tinham muito sucesso.

Ou seja, dois terços daquele grupo mais animado vai apenas sobreviver, e um terço vai realmente ter uma empresa de sucesso, com sistemas inovadores, equipes bem preparadas e, além de lucro, ter alegria de viver.

Foi olhando para esse tipo de estatística que comecei a pensar: "Qual a diferença entre eles?".

Veja bem: a partir de agora, estou deixando de lado as pessoas que não são comprometidas e falando somente com pessoas dedicadas, comprometidas, mas que não estão evoluindo na vida.

A pergunta agora é: "Roberto, por que eu dou um sangue danado, sou comprometido, estudo muito, mas não tenho a vida e o sucesso que eu mereço?".

Entre os que se dedicam ao que querem, existem dois grupos: os batalhadores e os realizadores.

Observe que tanto o realizador como o batalhador são pessoas que trabalham muito, porém o resultado é muito diferente. Por terem algumas características em comum, as pessoas não entendem por que não alcançam o mesmo sucesso, mas eles têm características muito diferentes que explicam essa diferença de resultados.

VOCÊ É UM BATALHADOR OU UM REALIZADOR?

Antes de falar das diferenças entre os dois tipos, vou frisar o que eles têm em comum. Por eles serem muito parecidos, ser um batalhador pode causar muitas ilusões. Por outro lado, por terem tanto em comum, é possível passar de batalhador a realizador com muita facilidade.

Então, primeiro, vamos ver no que eles são parecidos.

Existem quatro características que os batalhadores e os realizadores têm em comum:

1. **Todos eles dão o seu máximo;**
2. **São apaixonados pelo que fazem;**
3. **Trabalham muito;**
4. **Têm um profundo senso de missão de vida.**

> **A PRIMEIRA CARACTERÍSTICA EM COMUM É QUE ELES DÃO SEMPRE O SEU MÁXIMO.**

Quando eu fui chamado pelo Comitê Olímpico do Brasil, o COB, para fazer um trabalho psicológico com os atletas que iam para as Olimpíadas de Sidney, no ano 2000, uma das primeiras consultas que um dos treinadores me fez foi a seguinte: "Roberto, eu vou falar para o meu pessoal planejar o condicionamento e se entregar de corpo e alma nos treinamentos, mas eu tenho um medo danado de a gente não ganhar uma medalha olímpica e ficar frustrado pelo resto da vida".

Eu dei a seguinte resposta: "É verdade, talvez os seus atletas deem o seu máximo e não ganhem medalha. E pode até ser que fiquem frustrados. Mas eu nunca vi alguém ganhar uma medalha, se não tiver a meta de ganhar uma medalha olímpica. Tem de treinar no seu limite e exigir o máximo de si mesmo". Continuei: "Também outro ponto: quem dá o seu máximo e se entrega totalmente nunca fica frustrado, pois sabe que perdeu porque o adversário foi melhor. Sabe que não ficou nenhuma gota de suor no seu corpo, não havia nada mais que ele poderia ter feito".

E, em seguida, eu contei a ele a história de um atleta que não ganhou medalha e realmente ficou muito frustrado. Mas sabe por que ele ficou frustrado? Ele fazia parte de uma equipe que perdeu a semifinal e foi para a disputa da medalha de bronze. Ele entrou desmotivado para a disputa do terceiro lugar, porque ele queria estar na final e parecia que ele estava disputando um prêmio de consolação. Foi só no último *set* que ele se tocou que estava perdendo a chance de virar um medalhista olímpico. E ele me contou: "Quando eu me toquei, dei o sangue na quadra, mas já era tarde. Até hoje, eu penso que, se tivesse entrado desde o início com aquela disposição, poderia ter ganhado a minha medalha".

PERCEBE? A FRUSTRAÇÃO NÃO VEM DA DERROTA. VEM DE NÃO TER DADO O SEU MÁXIMO.

Isso significa que quem dá o seu máximo sempre ganha? Não. Porque do outro lado tem um adversário que também está dando o seu máximo.

O mundo dos negócios é cheio dessas experiências. Uma história que ficou famosa é a da sucessão na General Electric, em 2001. Naquela época, a GE era chefiada pelo Jack Welch, então considerado o executivo mais bem-sucedido do mundo. E todo mundo perguntava: "Quem vai substituir o Jack Welch?". A GE tinha um processo duríssimo de escolha: três diretores, chefes de unidades importantes da empresa, eram os candidatos que foram sendo treinados e testados durante anos. Você acha que algum deles não deu o seu máximo? Claro que os três deram. Mas, no final das contas, só um podia ficar com a vaga. E o escolhido foi Jeffrey Immelt, que assumiu a empresa em setembro de 2001.[1]

Agora, você acha que os outros dois ficaram o resto da vida frustrados? Eu não acredito. Um dos candidatos, James McNerney, foi imediatamente chamado para ser presidente e CEO da 3M, uma empresa que valia 20 bilhões de dólares. Quatro anos depois, ele se tornou chefe da Boeing, uma companhia três vezes maior que a 3M.

O outro candidato, Bob Nardelli, recebeu uma proposta dez minutos depois de ter sido preterido na GE. Virou CEO da Home Depot, uma rede de lojas de produtos para a casa. Em cinco anos, ele praticamente dobrou o faturamento e os lucros da empresa.

Na vida afetiva acontece a mesmíssima coisa. Se você tem a coragem de abrir o seu coração e falar do seu amor para a pessoa, ela pode aceitar ficar com você ou não. Se ela não quiser ficar com você, foi opção dela e tem de ser respeitada, mas você não pode ficar com a dúvida sobre o que teria acontecido se você tivesse sido corajoso.

Segunda característica em comum entre os realizadores e os batalhadores: ambos são pessoas apaixonadas pelo que fazem e isso os torna, imediatamente, pessoas apaixonantes. Essa entrega e esse brilho nos olhos contagiam.

Se você está dando uma aula, eles são o tipo de aluno que está completamente focado no que você está dizendo, que participa, faz perguntas.

Se você é chefe de um departamento, eles são o tipo de pessoa que está sempre engajado no trabalho, disponível para novas missões.

Tanto realizadores como batalhadores não têm nenhum problema em deixar de sair com a família para ficar estudando o seu projeto. É por conta dessa paixão que eles ficam muitos anos sem tirar férias para se dedicar ao projeto.

Terceira característica em comum: os dois trabalham muito. São capazes de fazer turnos de dez, doze, catorze horas, trabalham em fins de semana, feriados. Podem virar uma, duas noites, para entregar um trabalho de faculdade.

E o mais impressionante é que eles trabalham felizes o tempo todo. Você não vai ver nenhum sinal de infelicidade nos seus olhos por estarem deixando de fazer tantas coisas que, para outras pessoas, seriam essenciais para se sentirem felizes.

Quarta característica em comum: eles têm um apurado senso de missão de vida. É gente que pensa: eu tenho um propósito, eu quero deixar a minha marca neste mundo.

A maioria dessas pessoas quer deixar uma marca na história por meio das suas criações. Um desejo comum é ajudar a mudar a vida de milhares de pessoas e, principalmente, o sonho de dar para a família tudo o que eles valorizam.

Geralmente, quando vêm de uma família pobre, elas têm o sonho de dar uma vida melhor para os seus pais; quando não tiveram estudo, querem que os filhos estudem nas melhores escolas...

Certamente, todos eles pensam em deixar um mundo melhor do que encontraram.

Resumindo: tanto batalhadores quanto realizadores são engajados, esforçados, têm um senso de missão e querem transformar o mundo em que vivemos. Porém, os batalhadores têm um sucesso limitado. Frequentemente, trabalham mais do que os realizadores, mas a sua dedicação não se transforma em resultados.

"Roberto, eu me identifico com os batalhadores, trabalho muito, sou apaixonado pelo que faço, dou meu máximo e tenho um sentido forte de realizar a minha missão de vida, mas tenho um sucesso muito limitado. O que eu tenho que fazer de diferente?"

Existem quatro diferenças que indicam se você vai ser um batalhador com pouco sucesso ou um realizador com muito sucesso, e aqui vão elas:

1. **Realização ou inconstância;**
2. **Profundidade ou superficialidade;**
3. **Evolução ou estagnação;**
4. **Foco ou dispersão.**

Retomando o exemplo do agricultor *expert* no café: ele conhece os segredos da sua lavoura, produz um dos melhores cafés do mundo, conhece o mercado internacional e, por isso, exporta para vários países do mundo, conhece os altos e baixos do mercado e, por isso, sabe quando e como vender; enquanto o profissional que muda de lavoura está sempre começando, trabalhando como um escravo e com resultados medíocres.

> **SE VOCÊ QUER DEIXAR DE SER UM BATALHADOR PARA SE TRANSFORMAR EM UM REALIZADOR, É HORA DE COMPREENDER AS DIFERENÇAS ENTRES ELES.**

REALIZAÇÃO × INCONSTÂNCIA

É aí que começam as diferenças entre os dois grupos.

A primeira é que os dois batalham, mas o realizador mantém a rota até o resultado aparecer; enquanto o batalhador tem fôlego curto. Quer dizer, se não conseguir realizar o seu objetivo, ele, geralmente, vai mudar de projeto.

Aqui vai outra maneira de pensar...

O realizador vai plantar café até colher o melhor café; portanto, ele vai escolher o melhor lugar, fazer um planejamento sólido e trabalhar até ter um dos melhores cafés do Brasil. Enquanto o batalhador é impulsivo, volúvel e corre o risco de passar a vida inteira mudando de plantação, sem nenhuma consistência.

O realizador é fiel à sua meta.

A vida põe obstáculos na sua frente, ele para, analisa, toma fôlego, mas, em seguida, mira de novo no seu objetivo, por outro caminho, até chegar ao topo do Himalaia.

É a famosa história do Thomas Edison, o inventor da lâmpada incandescente, que você já conhece, mas, talvez, não sabe dos detalhes. Antes de obter sucesso, ele fez 1.200 experiências. Mil e duzentas! Muitos pesquisadores estavam procurando uma forma de transformar a eletricidade em iluminação. Entre 1878 e 1880, Edison e seus associados desenvolveram mais de 3 mil teorias para criar uma lâmpada incandescente. Quando ele conseguiu, usando um filamento de platina no vácuo dentro de um bulbo de vidro, você acha que ele parou? Não. Aquela primeira lâmpada só ficava acesa por umas poucas horas. Então ele continuou experimentando, melhorando a sua invenção. Ele testou mais de 6 mil plantas para usar como filamento. "A luz elétrica me exigiu a maior quantidade de estudos e os mais elaborados experimentos", ele escreveu. Mas afirmou que, embora os seus associados muitas vezes perdessem a esperança, ele nunca se desencorajou.[2]

Thomas Edison era um inventor obstinado em realizar a sua meta de vida. Registrou o estonteante número de 1.093 patentes, entre as quais 389 para a luz elétrica e energia, 150 para o telégrafo, 141 para baterias e 34 para o telefone. Mais que isso: foi um empresário notável. A General Electric é uma das empresas mais bem-sucedidas do mundo e foi uma criação dele.[3]

Aí você me pergunta: "Isso vale só para o mundo dos negócios?". Não, de jeito nenhum!

A vida sempre vai lhe apresentar novos desafios.

Um relacionamento amoroso terá problemas, educar seus filhos vai apresentar dificuldades, até o seu hobby, aquilo que você faz para desanuviar a cabeça, uma hora lhe trará problemas – um joelho dolorido porque você corre, ou a falta de progresso na sua técnica quando você gosta de desenhar, ou ainda as crises conjugais para você amadurecer e aprender a amar melhor.

Nossa existência é um tanto parecida com um jogo do Mario Bros.

A primeira etapa é fácil, fácil. Aí você muda de fase e fica um pouco mais difícil. Chega uma hora em que você está arrancando os cabelos no jogo. Nessa hora, o batalhador tende a pensar: vou começar a jogar outro jogo. E o realizador pensa: vou me aprimorar até vencer essa fase e me tornar um fera nesse jogo.

Se você está jogando o Mario Bros da sua vida, cada vez que a fase der trabalho, simplesmente pense: é hora de aprimorar minha competência e avançar.

O segredo do sucesso e da felicidade não está em mudar de jogo, mas em dominar as competências.

Só comemore a sua vitória quando realizar a sua meta, pois, para realizadores como a gente, desistir não é um caminho.

PROFUNDIDADE × SUPERFICIALIDADE

Uma segunda diferença entre os realizadores e os batalhadores é saber ir fundo.

Você não pode ser como o marreco que faz tudo, mas não faz nada bem-feito. Sabe nadar, caminhar e voar, mas a sua performance é muito fraca.

Antigamente, as pessoas perguntavam se era melhor ser especialista ou generalista, hoje não tem espaço nem para o generalista nem para o especialista.

Você se lembra da sua amiga que é uma grande estilista e, por não saber trabalhar em uma empresa, está sempre desempregada? E do seu amigo médico que é fera na sua especialidade, mas trabalha em uma clínica razoável porque o seu consultório está sempre vazio por ser péssimo em marketing e não saber conquistar o coração dos pacientes?

O desafio da vida moderna é sermos multiespecialistas. Antigamente, quem tinha competência apresentava resultados proporcionais às suas competências; hoje, quem é simplesmente bom tende a ter resultados fracos, e somente quem é supercompetente tem resultados especiais.

Por que há médicos, dentistas, psicólogos, advogados e arquitetos que cobram uma fortuna e estão com a agenda lotada, enquanto a maioria está sempre reclamando que os clientes desapareceram?

Você vai observar que eles são competentes em várias áreas da sua carreira.

Vamos pegar o caso de um cirurgião. Ele começa com a profundidade na área dele. Tem de entender de corpo humano, de técnica de cirurgia,

QUEM QUER FAZER ENCONTRA UM MEIO E QUEM NÃO QUER ENCONTRA UMA DESCULPA.

tem de criar uma clínica superinovadora. Então ele percebe que, para evoluir, precisa melhorar na sua comunicação com os clientes; tem de saber explicar o procedimento, passar segurança, tranquilizar parentes. Ele monta uma clínica e precisa aprender a administrar, fazer marketing e se posicionar para ganhar reputação. Depois, descobre que o seu sucesso depende da performance da sua equipe e começa a entender de gestão de pessoas, pois ele percebe que a tendência é a de que os melhores profissionais podem ir embora, montar as próprias clínicas, enquanto aqueles que não estão comprometidos tendem a ficar e percebem que têm de ser especialistas em seres humanos.

Quando falo com um profissional de muito sucesso, eu sempre fico impressionado com a qualidade do seu conhecimento em várias áreas e como ele tem profundidade no seu trabalho.

> **O MUNDO MODERNO SE TORNOU UM LUGAR ONDE AS PESSOAS ESTUDAM NAS REDES SOCIAIS, RARAMENTE UM PROFISSIONAL MERGULHA COM PROFUNDIDADE EM UM CONHECIMENTO.**

Você pode trabalhar com garra, ter o coração generoso, mas, se não tiver profundidade, as pessoas vão perceber que você é um profissional querido, mas sem excelência, e você vai ter de atender cem clientes para ganhar o dinheiro que um super-realizador ganha.

Como dizem os estadunidenses: o segredo do sucesso não é fazer mil coisas três vezes, mas, sim, três coisas mil vezes.

Se você quer ser um instrumentista genial, escolha um instrumento e dedique-se a ele toda a vida. Dizem que uma senhora se aproximou do Pablo Casals, o maior violoncelista da história da música, e falou: "Eu daria a minha vida para tocar como o senhor". Ao que ele respondeu: "Eu dei".

Seja um realizador: dá menos trabalho e mais plenitude

EVOLUÇÃO × ESTAGNAÇÃO

E aí vai um terceiro ponto em que o realizador se diferencia do batalhador. Ele continua evoluindo sempre, independentemente das vitórias ou das derrotas. Um realizador tem consciência de que é preciso evoluir se quiser ter melhores resultados.

Evoluir é consequência de estar aberto à mudança dos desejos dos clientes, à concorrência, aos produtos e aos serviços. Tem de estar olhando o mundo permanentemente com uma curiosidade infinita e, sobretudo, estar disposto a deixar para trás os velhos hábitos e desenvolver uma nova atitude.

O realizador detesta a estagnação. E sabe que, para que a empresa cresça ou a carreira evolua ou o relacionamento cresça, ele tem de evoluir. Tenha isto claro: toda mudança começa na sua mente.

Eu sou pai de cinco filhos. Tenho orgulho de ter evoluído como pai, e muito disso vem de eu aceitar o desafio que cada filho exige em nosso relacionamento, mas sei que, se quiser manter a nossa amizade, vou ter de continuar aprendendo com cada um deles. Agora, eu sou avô, e ser avô da Liz me leva a refletir o que é ser avô, o que é ser um companheiro de uma criança que está desabrochando.

O melhor de tudo? Eu tenho certeza de que só de tentar ser o melhor avô possível para ela eu ajudarei a mim mesmo a evoluir, a ser uma pessoa melhor.

Para você continuar a evoluir, é preciso desapegar do que você faz e da maneira que faz. Esse é o perigo de ter o pensamento de amar o que faz.

Quando alguém fala que tem de amar o que faz, eu sempre tenho muito cuidado, pois a decadência de muita gente acontece porque elas ficam apegadas ao que fazem. Tem gente que ama fazer planilhas na mão, sem se dar conta de que o mundo não quer pagar pelo que ele ama fazer. Resultado: demissão à vista.

Ame o seu cliente. Procure sempre oferecer o que o ajuda a resolver o seu problema ou o ajuda a realizar o seu objetivo, mesmo que isso signifique que você tenha de trabalhar para aprender a fazer de uma nova maneira para ajudá-lo.

Para você continuar a evoluir, é fundamental sair da sua sala ou do seu escritório e ver o que o mundo está fazendo. Converse com os jovens (se você passou dos 40 anos) ou com os experientes (se você tem menos de 30 anos) para desenvolver novos pontos de vista e jogue fora o que você faz, quando perceber que ficou ultrapassado.

Os realizadores evoluem, estão sempre estudando e têm prazer em aprender o novo.

Certa vez, eu assisti a uma entrevista com o Ricardo Almeida, provavelmente o melhor estilista do Brasil, e ele dizia que adorava ser um alfaiate artesão. Adorava fazer cada terno com precisão absoluta, até que ele observou que o público não estava disposto a pagar o preço do trabalho dele e se deu conta de que os ternos industrializados tinham uma qualidade sensacional a um preço acessível. Então ele percebeu que o seu desafio era industrializar os seus ternos, com qualidade superior à do melhor terno industrializado, e ele conseguiu. Poderia continuar fazendo os seus ternos individualizados, como a maioria dos alfaiates de bairro, que cada vez têm menos clientes, porque não têm disponibilidade de pagar o preço que costumavam pagar e, provavelmente, porque continuam a fazer os ternos que estavam na moda há mais de dez anos.

Se você for um alfaiate de antigamente, com certeza vai dar o seu máximo, trabalhar doze horas por dia, realizando a sua missão de tornar as pessoas elegantes, mas sem clientes dispostos a remunerar o seu trabalho.

FOCO × DISTRAÇÃO

Finalmente, uma quarta diferença entre realizadores e batalhadores é que, geralmente, os realizadores são tão focados que eles parecem pessoas monotemáticas, enquanto os batalhadores têm a tendência a falar sobre todos os temas da sua vida.

"Por quê, Roberto?"

Porque o realizador só tem um tema na vida: realizar a sua meta; então, a sua tendência é ficar somente estudando, pesquisando, conversando somente sobre o seu projeto.

O meu filho André é jogador de futebool e eu percebi que esse sonho se tornaria realidade quando ele, com 14 anos, escreveu um *post* que editei um pouco e coloco aqui: "Eu prefiro a minha chuteira aos sapatos elegantes, também prefiro a camisa do meu time às roupas de grife, prefiro o cheiro de suor depois de um jogo disputado aos perfumes caros e prefiro dormir cedo para estar descansado para o jogo do dia seguinte a sair para as baladas. Os meus amigos de verdade me apoiam, porque eles sabem que, para mim, futebol não é um esporte, e sim a minha vida".

Certamente, para ele, a vida só tinha um foco: se tornar um jogador de futebol, enquanto a maioria dos seus amigos que queriam se tornar profissional tinha muitas histórias de baladas, garotas, porres, noitadas, jantares.

> ## O REALIZADOR TEM UM OBJETIVO E SUA TENDÊNCIA É SOMENTE TER FOCO NESSA META.

Raramente, quando está iniciando um projeto, ele vai falar de viagens, filmes, baladas, jantares; ele não fica deslumbrado com as oportunidades que vão fazê-lo perder o foco.

Em geral, os realizadores não jogam conversa fora, não vão para a "farra" e gostam de conversar sobre aquilo que eles adoram, ou seja, o seu projeto. E essa conversa costuma ser muito pragmática, sobre coisas que podem ser levadas para o terreno da ação.

O batalhador, não. Justamente por estar sempre mudando de foco, ele tem uma gama muito maior de interesses. Gosta de saber novidades, de entender um pouco de tudo. Perde tempo nas redes sociais, conversa sobre muitos assuntos, responde mensagens na hora porque está distraído, assiste a muitas séries nas plataformas de filmes.

O realizador sabe muito do assunto que quer saber. Se decide montar um restaurante, ele vai estudar muito sobre esse negócio, mercado, concorrência, gestão específica de alimentos, atendimento, custos, equipes, logística.

Eu me lembro de um grande empresário com negócios de muito sucesso.

Eu o conheci quando fui dar uma palestra na sua empresa: sua história era tão interessante que eu resolvi convidá-lo para almoçar e refiz o convite várias vezes, durante dois anos, e ele nunca aceitou. Nos primeiros convites, ele respondeu que não tinha agenda e, depois de três convites, não me respondeu mais. Até que um dia, a sua equipe me contratou para lhe dar uma mentoria em um projeto novo. Ele foi ao meu escritório e eu o orientei por uns quarenta minutos, porque ele estava com pouco tempo. Fiquei impressionado porque estava criando mais um projeto superinteressante e, de novo, eu o convidei para almoçar.

Carinhosamente, ele recusou, dizendo: "Roberto, desculpe por eu não aceitar o seu convite para almoçar, mas eu considero esses almoços uma distração na minha vida. Eu prefiro contratá-lo, pagar para poder focar somente no tema que me interessa".

Pode ser que a maneira como estou falando dele crie a imagem de que ele é um chato, mas o que eu vejo é que, para realizar um projeto importante na sua vida, ele desenvolve um foco total.

O medalista olímpico foi matemático na preparação para a competição.

A garota aprovada no concurso para juíza só falava de passar na prova.

O empreendedor de sucesso só vai falar de acelerar a sua empresa.

Nesse mundo, as festas, as aventuras e as viagens ficam para depois.

Certamente, essa atitude é fundamental quando você está em um projeto novo, mas chega um momento em que o realizador abre as fronteiras da sua vida por constatar que o foco no trabalho o faz perder a vida e, por isso, quer abrir a sua mente para criar um relacionamento profundo, ser companheiro dos filhos, valorizar os amigos, ter prazer de viver e desenvolver a espiritualidade.

Os batalhadores dão importância a tudo e tratam tudo como se nada tivesse importância.

04
A Síndrome do Esforço Desperdiçado

Apesar de o batalhador ter quatro pontos em comum com o realizador, os seus problemas acabam destruindo os seus resultados.

Se os dois trabalham dez, doze ou catorze horas por dia, têm alta identificação com os seus projetos e consideram que aquilo faz parte da própria vida, onde é que o batalhador está falhando?

A resposta é o que eu chamo de Síndrome do Esforço Desperdiçado (SED).

Eu vou explicar com uma imagem.

Pense numa mangueira de água. Imagine que ela esteja ligada a uma torneira que libera a água com uma boa pressão. Para o realizador, a pressão na boca da mangueira é a mesma da torneira. Para o batalhador, é como se a mangueira tivesse vários furinhos. A água não chega lá na ponta com a mesma força. Ela esguicha ao longo do percurso.

Essa é a principal diferença entre o batalhador e o realizador. Em ambos os casos, na entrada, temos o mesmo trabalho, o mesmo esforço, a mesma paixão, a mesma missão. Mas o resultado do realizador é quase 100% do esforço que foi colocado. E, no caso do batalhador, às vezes, o resultado não chega nem a 20%, porque os buracos na mangueira derramam quase toda a energia.

Perder a água pelos buraquinhos na mangueira causa o fenômeno da SED.

NÃO PERCA O FOCO DO SEU NEGÓCIO

Pense numa quitanda. Deve ter uma perto da sua casa, como tem uma perto da minha. O dono dessa quitanda, com certeza, se apaixonou pelo projeto, trabalhou à beça para montar o seu negócio, se dedica para encontrar os fornecedores e cuidar para que os empregados atendam direito os seus clientes. Um belo dia, bem perto da quitanda, abriu uma loja de uma das maiores redes de supermercados de São Paulo.

Se o dono da quitanda for um batalhador, ele vai se sentir muito frustrado, vai se sentir vítima do destino e o rendimento vai cair, talvez a tal ponto que já não consiga manter o seu negócio. Pode ser que consiga sobreviver, mas com muito sacrifício e pouco lucro. As dificuldades vão aumentando. Ele não consegue pagar a escola que ele gostaria para os filhos, não consegue manter o padrão de vida.

Agora, se ele for um realizador, talvez faça algo parecido com o que fez o dono da quitanda na minha vizinhança. Ele não consegue vender mais barato que o supermercado, porque o supermercado compra em uma escala muito maior e consegue negociar para pagar menos aos fornecedores e vender mais barato. Então ele melhora o atendimento, nos chama pelo nome e nos trata como amigos. Aumentou ainda mais os cuidados com os alimentos frescos e pergunta o que a gente gostaria que tivesse na loja dele. Ou seja, cria maneiras diferentes de a gente adorar ir à loja dele fazer compras, e, quando falta alguma coisa, mandamos uma mensagem pelo celular e ele entrega em casa, na hora.

É lógico que estamos gostando mais ainda dele e ficamos cada vez mais apaixonados por sua quitanda.

Não será uma surpresa se, daqui a alguns meses, ele inaugurar o próprio supermercardo no bairro.

O batalhador, ao contrário, entra em pânico. Fica se culpando: "Por que eu não pensei que poderia abrir um supermercado ao lado da minha quitanda?". O susto vira frustração, a frustração vira desmotivação, a desmotivação vira impotência. Ele se prostra. Pronto: está preso no platô.

Quando isso acontece, a tendência do batalhador não é reorganizar o seu projeto, é buscar um novo e começar tudo de novo. Ele recolhe a paixão que tinha depositado no seu trabalho e começa a pensar em jogar tudo para o ar. Tudo o que foi batalhado se torna um esforço desperdiçado. Não importa se gastou trezentos dias de trabalho, doze horas por dia, vai tudo para o lixo.

Sem se dar conta, mais uma vez, aperfeiçoou o seu cérebro em desistir. O nosso cérebro realiza a opção para a qual foi treinado.

Pergunta: "Você treina o seu cérebro a desistir ou a superar as dificuldades?".

> **SUGESTÃO: TREINE O SEU CÉREBRO PARA AVANÇAR AO PRÓXIMO NÍVEL.**

Cada projeto abandonado é uma memória de um fracasso, enquanto cada projeto realizado é uma inspiração para você conquistar mais.

O SEGREDO É CONTINUAR AVANÇANDO

Você não pode cair na armadilha que pegou um executivo conhecido meu. Eu o conheci há vários anos, quando fui dar uma palestra numa grande empresa. Ele era um dos principais diretores da companhia. Tinha uma casa enorme, com jardim, piscina, cachorros. A casa tinha um

A Síndrome do Esforço Desperdiçado

monte de empregados: motorista, jardineiro, babá para as crianças, cozinheira, faxineira... Parecia que tudo dava certo para ele: estudou numa universidade de ponta, foi *trainee* de uma multinacional, foi contratado com todas as mordomias, depois recebeu oferta para mudar de empresa por um salário maior e ainda fez mestrado fora do Brasil. Casou-se com uma mulher fantástica, inteligentíssima. Assim como ele, ela, muito competente, estava por dentro de tudo o que se passava na sua indústria.

Até que foi demitido, num desses solavancos da economia. E o que ele fez? Montou uma startup em Nova York, com um sócio. Nessa época, a gente conversou bastante, mas ele e o sócio mudavam o projeto a toda hora. Foram meses de preparação, e, no final, a coisa acabou não decolando.

Depois, ele tentou outro projeto e outro e outro. Parecia que ele estava buscando o *next level*, mas não era. Ele estava pulando de galho em galho. Passou anos nessa luta. O casamento não aguentou.

Da última vez que o encontrei, ele morava mal e andava de ônibus. Não percebeu que mudar de projeto o tempo todo foi um erro fatal para a sua carreira, que acabou contaminando a sua vida pessoal. Tanto esforço não foi suficiente para criar o sucesso que ele merecia.

Viveu pulando de um projeto para outro, desperdiçando o seu esforço, ou seja, cada vez que abandonava um projeto, reforçava a memória de ser um fracassado, treinava o seu cérebro para desistir, alimentava a mensagem de ser um profissional perdido.

E aquela pessoa que vive uma sucessão de relacionamentos com uma pessoa especial e termina em menos de três meses? Por que isso acontece? Porque ela não atravessa a primeira frustração. Logo pensa: essa pessoa não é para mim, a gente não encaixa direito. Claro que encaixa! Mas, para encaixar, os dois têm de querer crescer juntos. A vida não é um jogo de Tetris que tem uma pecinha perfeita para colocar no espaço adequado. A vida é mais semelhante a um baile. As músicas, às vezes, são rápidas, depois ficam lentas: vira rock, volta para o samba, vai para o maxixe, o hip-hop.

A VIDA É MAIS SEMELHANTE A UM BAILE. AS MÚSICAS, ÀS VEZES, SÃO RÁPIDAS, DEPOIS FICAM LENTAS: VIRA ROCK, VOLTA PARA O SAMBA, VAI PARA O MAXIXE, O HIP-HOP.

A Síndrome do Esforço Desperdiçado

Antigamente, a gente usava a expressão "dançou" como sinônimo de "se deu mal". Mas é o contrário. Quem se dá mal é quem para de dançar, são os que desistem da dança da vida.

Então lembre-se: aquela pessoa insegura nem entra na pista. O batalhador entra, mas, quando não reconhece a música, ele diminui o ritmo, empaca. Trava. O realizador, não. Ele fala: "Opa, esse ritmo é novo! Vou ver quem é que está dançando isso bem, vou copiar uns passos, vou aprender".

Agora, ninguém é um batalhador puro nem um realizador puro. De modo geral, as pessoas têm áreas em que são mais uma coisa ou outra. Por isso, é importante determinar em que partes da sua vida você entra nesse ciclo da SED. Pode ser na área amorosa ou na educação dos filhos; pode ser na sua carreira ou na sua dieta. Tem pessoas que são realizadoras na vida profissional, mas vivem patinando na vida afetiva, enquanto outros batalham sem ter sucesso na vida financeira, mas têm uma vida amorosa sensacional.

> ## EM QUAL ÁREA DA SUA VIDA VOCÊ ESTÁ BATALHANDO SEM REALIZAR O QUE VOCÊ QUER?

É nessa área que você tem de se concentrar. Isso vale até para um hobby. Digamos que você queira tocar um instrumento. Para tocar bem, é importante passar por uma das dificuldades, períodos de desânimo, até chegar ao próximo nível.

O batalhador não trabalha pouco, não. Aliás, na maioria das vezes, trabalha muitíssimo. Mas trabalha de modo errado. Como o próprio nome diz, ele valoriza muito o trabalho, só que se perde. Acaba valorizando mais o esforço do que o resultado.

É crucial identificar esse processo, porque, às vezes, a perda de um emprego ou a falência de um negócio representa simplesmente o fim de um ciclo, mas, outras vezes, demonstra uma maneira de agir que freia as suas realizações.

Então pense nas suas experiências, nos mais diversos campos, e avalie se você:

- o **Tem tido resultados aquém do que esperava;**
- o **Tem dificuldade de planejar e se organizar para realizar os seus objetivos;**
- o **Sente que está sempre começando algo novo;**
- o **Muda de ideia rapidamente em relação aos seus projetos ou relacionamentos;**
- o **Perde o entusiasmo durante a consecução dos seus projetos;**
- o **Costuma buscar soluções mágicas para as suas dificuldades;**
- o **Tem muitos exemplos de "quase" na vida: quase concluiu a faculdade, quase foi promovido, quase teve sucesso num relacionamento importante;**
- o **Atrasa ou não cumpre os seus compromissos.**

Se respondeu afirmativamente a várias dessas perguntas, você está sofrendo algum grau da SED. Não se exaspere. Perceba que você tem potencial para obter muito mais da vida. O melhor de tudo: essa transformação só depende de você.

05
O caminho para você turbinar a sua vida

"Roberto, como abandonar a Síndrome do Esforço Desperdiçado, parar de desistir e avançar para o próximo nível?"

Para você abandonar o estilo de vida de começar um projeto e desistir logo em seguida, é preciso desenvolver a tríade **MAC: Mentalidade, Atitude, Competências**.

É preciso que você aumente a sua consciência para esse estilo de vida de esforço desperdiçado e tenha vontade de mudar a sua vida para sempre.

UMA PAUSA PARA REFLETIR SOBRE A SUA MUDANÇA

O primeiro passo para essa transformação é tomar consciência dos seus pensamentos, das atitudes e dos limites que fazem com que você se inclua entre aqueles que têm sucesso limitado.

É preciso que você sinta a dor que isso está trazendo para a sua vida. A tristeza de viver como alvo de olhares de deboche das pessoas, da família e dos amigos, quando você fala que vai começar um novo projeto. Somente a consciência da dor desse estilo de vida é que levará a pessoa à mudança.

Então, por favor, antes de continuar a leitura, vamos fazer uma viagem mental.

Marque esta página para voltar a ela daqui a cinco minutos.

Nesse período, feche o livro e coloque uma música de relaxamento, coloque-se em uma posição confortável e feche os olhos. Observe o fluxo da sua respiração e, ainda de olhos fechados, olhe para o lado direito da parte de cima e visualize você vivendo a vida dos seus sonhos. Curta o prazer de ter realizado as suas metas. Disfrute da sua evolução profissional e pessoal, em sua imaginação curta a sua transformação nos mínimos detalhes.

Agora, olhe para baixo, observe a dinâmica dos seus movimentos para desistir das suas metas e lembre-se de tantos projetos que você abandonou. Pense em tudo o que você deixou de ganhar por ter abandonado essas metas, analise como foi a dinâmica de colocá-las de lado. Qual o conhecimento que faltou? Que amigo você poderá procurar para pedir ajuda? Pense nas últimas vezes em que você tentou algo e sentiu que não deu certo.

Não faça esse exercício como um autoflagelo. Pense em você e na situação que viveu como se fossem a história de outra pessoa, distante no tempo e no espaço. O que essa pessoa poderia ter feito de diferente, como ela teria de se superar para enfrentar aquelas adversidades?

Repare: agora, imagine que você está conversando consigo mesmo para assumir a decisão de ir até a realização dos seus projetos e como essa atitude vai mudar a sua vida.

ENTÃO VAMOS LÁ. FECHE O LIVRO POR CINCO MINUTOS, PENSE NESSA DINÂMICA.

Voltou? Ótimo.

Espero que, ao fazer esse exercício, tenha percebido que você é muito maior do que as suas dificuldades. É só uma questão de mudar a mentalidade, as atitudes e ampliar as competências.

A partir desse momento, quero convidá-lo a decidir por um novo estilo de vida, com intensidade, para você destruir os seus medos, como se fosse uma bomba atômica.

VOCÊ SABE FAZER UMA BOMBA ATÔMICA?

Em Física, existe o conceito de massa crítica. Sabe o que é isso? Para construir uma bomba atômica, é necessário ter um elemento químico que produza a reação de quebra do átomo. Quando o átomo se quebra, ele solta energia que atinge outros átomos, que, por sua vez, também podem se quebrar. Essa reação em cadeia, se for suficientemente rápida e concentrada, pode provocar uma explosão.

Porém, para isso acontecer, é preciso haver uma quantidade suficiente de átomos propensos a se quebrar. No caso do urânio, o elemento mais usado nas usinas e nas bombas, é preciso ter por volta de 50 quilos de urânio enriquecido para começar a fissão nuclear. Se você colocar somente 49 quilos, não vai ter uma bomba. Aliás, não vai ter nenhuma explosão usando somente o urânio. Entendeu? Você vai ter de colocar nas ações 50 quilos de urânio enriquecido. Comprometimento total.

Com a nossa vida é a mesma coisa. Não adianta colocar 49 quilos, é preciso ter os 50 quilos de comprometimento e intensidade, o volume necessário para gerar as reações em cadeia que vão levar ao sucesso.

> **O QUE RESOLVE UMA SITUAÇÃO É A QUANTIDADE DE ENERGIA FOCADA.**

Coloque toda a sua alma no que você estiver fazendo.

O mestre Osho contava uma história que nos mostra muito a importância de nos aprofundarmos na vida.

Quando ele era adolescente, em sua cidade, havia um concurso para escolher a rosa mais bonita, que o interessava muito. O que despertou

COLOQUE TODA A SUA ALMA NO QUE VOCÊ ESTIVER FAZENDO.

especialmente a sua curiosidade de garoto foi o fato de que um coronel da reserva, durante três anos consecutivos, ganhou o concurso. Olhando a cara do coronel, Osho imaginou que ele não tinha nenhuma experiência em jardinagem e, então, resolveu seguir o homem para conhecer o seu jardineiro.

Osho viu que o coronel passou pelo jardim de sua casa e mal cumprimentou o jardineiro. E, então, percebeu que quem realmente cuidava das rosas era o jardineiro. Ele se aproximou do homem e perguntou: "Suas rosas ganharam o prêmio da rosa mais bonita de nossa cidade. Qual o segredo para fazer a rosa com tanta beleza?".

O jardineiro respondeu: "O segredo é simples. Geralmente, os jardineiros cuidam de todos os botões de rosas e, no dia, eles escolhem a rosa mais bonita. Eu faço diferente: eu escolho o botão mais bonito quando eles nascem e passo a alimentar esse botão que vai receber toda a seiva da planta. Por isso, ele fica mais forte e dá a rosa mais bonita".

Por isso, Osho dizia que as pessoas passam suas vidas alimentando todos os botões de rosas que aparecem. Com isso, elas acabam formando rosas fracas e sem brilho. É importante que você escolha o seu botão de rosa, dê toda a seiva possível, para que ele realmente brilhe.

Isso vale para o amor, para a carreira e para os negócios.

Você precisa fazer essa energia explodir e transformar a sua vida, colocar a sua empresa na autossuficiência, alavancar a sua carreira, avançar de nível se você estiver no marketing de multinível, colocar mais amor no seu relacionamento amoroso e educar o seu filho com mais alegria.

VAMOS AMPLIAR A TRÍADE MAC

Agora é hora de mergulhar na tríade **MAC: Mentalidade, Atitudes, Competências**.

Preparado? Então vamos lá, comecemos por expandir a sua mentalidade.

06
Desenvolva uma mentalidade ilimitada

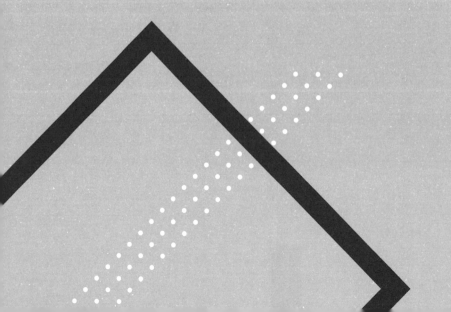

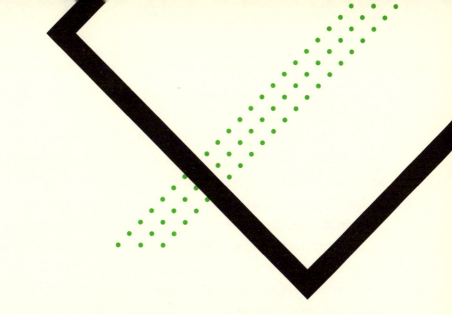

Sabe por que o sucesso total é para poucos? Porque poucas pessoas têm a mente sem limites!

É assim com Gisele Bündchen, Leonel Messi, Cristiano Ronaldo, Bill Gates e tantas outras pessoas que nós admiramos.

É lógico que eles têm talento, mas eles realizam o seu trabalho com uma mentalidade sem limites. Para eles, não existe o impossível, pois, no momento em que têm um desejo irresistível, criam uma meta e se dedicam até realizá-la.

Agora, vou ensiná-lo como ampliar a sua mente, pois o grande desafio é passar de uma mentalidade limitada para uma mentalidade ilimitada.

A mentalidade limitada, o próprio nome diz, é aquela em que a pessoa cria barreiras, multiplica os obstáculos em vez de resolvê-los e, principalmente, imagina que as grandes realizações são somente para os iluminados.

Vou dar um exemplo que talvez seja o seu: a pessoa chega a uma festa, vê alguém por quem se sente muito atraído, mas não vai falar com a pessoa porque imagina que essa pessoa nunca vai querer nada com ela.

Ela pensa: "É muita areia para o meu caminhão" – a pessoa se sente derrotada antes mesmo de o jogo começar e, por isso, perde sem entrar em campo.

Desenvolva uma mentalidade ilimitada

A pessoa com a mentalidade ilimitada pensa: "É muita areia, mas não tem problema, eu faço várias viagens".

Se você se desvaloriza também desvaloriza seus pais, sua empresa, seu companheiro, seus filhos. Sua vida vai ser uma desvalorização permanente. Seu pensamento vai ser: minha namorada não tem valor porque, se ela tivesse, namoraria um sujeito mais rico do que eu.

Quando se pensa desse jeito, a chance de algum projeto dar certo é muito, muito, muito, muito pequena. Porque, pense comigo, se um time se desvaloriza fica difícil ganhar a partida, certo?

Quem tem mente limitada só vai entrar em campo nas partidas que considera fáceis. E mesmo assim vai perder. Sabe por quê? Porque sempre vai arrumar uma desculpa para se preparar melhor para a próxima partida.

As quatro prisões da mente pequena:

#1 Evita metas desafiadoras.

Por ter medo de sonhar grande e se decepcionar, a pessoa acaba colocando limites na sua ambição.

#2 Não desenvolve capacidade para realizar tarefas complexas.

Como sonha pequeno, a pessoa acaba estudando muito pouco.

Quanto um operador de elevador precisa estudar para realizar o seu trabalho?

#3 Devota atenção às frustrações pessoais e aos resultados negativos.

Tudo serve de exemplo para a pessoa se manter acomodada.

Se um amigo largou o emprego para abrir o seu negócio e fracassou, ele vai usar esse exemplo para viver acomodado.

Se uma moça traiu o namorado, ele aproveita a situação para se convencer a continuar sozinho.

#4 Perde a autoconfiança rapidamente.

Qualquer dificuldade tende a desanimar a pessoa.

Se você identifica essas prisões psicológicas, chegou a hora de viver as quatro transformações fundamentais.

#1 Assuma metas grandes, ousadas, porque você pode confiar na própria capacidade de realização.

É como dizia a minha mãe, dona Benedita: "Não importa de onde você vem nem onde você está, o que importa é aonde quer chegar".

#2 Comprometa-se com a realização das suas metas.

Você acredita que vai realizar o que prometeu e sabe que só vai descansar quando realizar. Vive aquela frase "No final tudo dá certo e, se ainda não deu certo, é porque não chegou o final".

#3 Recupere-se rapidamente das frustrações e dos desapontamentos.

Digamos que você está num projeto e o seu sócio resolve largar tudo. No primeiro dia, você fica arrasado; no segundo, quer "enforcar o traidor"; no terceiro, já está procurando outra pessoa que seja ainda melhor do que ele. Não é que a pessoa com mente ilimitada não sofra o baque. Ela sofre até mais, mas logo parte para a ação.

#4 Seja apaixonado por temas que têm a ver com as suas metas.

A pessoa com mentalidade ilimitada não quer saber tudo em profundidade sobre o seu projeto.

Você quer ser uma atriz? Então apaixone-se não apenas pelos textos de grandes autores, pela conexão com a plateia. Curta história da arte, figurinos, expressão corporal. Adore conversar sobre teatro, estudar outros atores, entonação de voz e tudo o que estiver relacionado com a

Desenvolva uma mentalidade ilimitada

sua missão. Uma pessoa de mentalidade ilimitada é como um polvo – ela tem braço para todo lado; e cada braço "pensa", tem inúmeras conexões neurais.

COMO CHEGAR À MENTALIDADE ILIMITADA?

Existem dois caminhos básicos para desenvolver a mentalidade ilimitada: criar diálogos internos positivos e aumentar a sua autoeficácia.

Vamos começar com os diálogos internos.

Diálogos internos são as conversas que você tem consigo mesmo, pois as frases que você fala para si vão definir a sua performance.

Você já observou que está sempre conversando consigo mesmo?

Durante uma cirurgia, quando um problema aparece, o cirurgião pode falar para si "ferrou tudo" ou "ainda bem que você estudou esse tipo de emergência".

Quando você pensa "ferrou tudo", automaticamente vai se sentir inseguro e vai ter de fazer um imenso esforço para resolver essa dificuldade, mas, quando você tem mensagens positivas, fica fácil se sentir confiante e saber o que fazer.

Geralmente, esses diálogos internos nasceram das mensagens que escutamos dos nossos pais. As frases que os nossos pais falavam para nós, tanto as positivas quanto as negativas, muitas vezes ainda estão fortes em nossas mentes.

Vou me usar como exemplo: minha mãe, muitas vezes, falava coisas positivas, como "eu confio em você; acredite em você, batalhe". Em outras ocasiões, ela tinha crises de raiva e me criticava muito. Durante muito tempo, eu sentia a presença da minha mãe em alguns momentos de decisão dizendo: "Se você errar, vai apanhar". A minha criança interna entrava em uma emoção forte de insegurança e pensava: "Ai, não posso errar, senão minha mãe vai bater em mim".

Fiz muito trabalho psicológico para esquecer essas mensagens negativas da minha mãe e ficar somente com as falas de estímulo que ela deixou.

Quando uma pessoa está dominada por diálogos internos negativos, ela fica muito prejudicada. Imagine um cirurgião na sala de operações que ouve uma ameaça do pai: "Se você errar, vou te deixar de castigo"; "Você sempre faz besteira". Certamente, esse diálogo interno vai desfazer o sentimento de SEGURANÇA e a chance de uma boa performance desse cirurgião ser prejudicada é imensa.

Nós não queremos ser operados por um cirurgião desses!

É fundamental na hora da crise você falar para si mesmo: "Agora é a minha vez de mostrar quem eu sou!".

Então como fazemos para aprimorar os nossos diálogos internos?

O primeiro passo é a autoconsciência, ou seja, perceber se você está vivendo sob influência das críticas das pessoas que criaram você. É importante saber se a sua criança interior está com medo de identificar quais são os seus diálogos internos.

Para calar esses diálogos internos negativos, você tem de ficar em silêncio e observar o que as vozes na sua mente estão dizendo para você. Eu, por exemplo, costumo acordar sempre por volta das 4 da manhã; nos primeiros quinze minutos, eu medito e presto atenção nas vozes da minha cabeça. E, se percebo que elas estão me convidando a entrar no baixo-astral, procuro me concentrar na meditação e, geralmente, elas desaparecem.

Se os diálogos internos negativos não vão embora com a meditação, o segundo passo é compartilhar esse conteúdo negativo dos seus diálogos internos com um terapeuta, um mentor ou um amigo. Se você perceber que as suas vozes estão dramáticas demais — "se isso der errado, eu vou largar tudo" ou "nunca mais quero ver esse filho" —, é crucial buscar ajuda.

Sigmund Freud, o pai da Psicanálise, já dizia que o simples fato de você compartilhar os seus problemas significa que você iniciou o processo de cura.

À medida que eu percebia que o meu filho mais velho não estava evoluindo e que o corpinho dele estava começando a se deformar, a minha dor era tão grande que eu tinha vergonha de falar sobre o problema dele com os meus amigos. Quanto maior a minha dificuldade, mais eu mergulhava na dor, na depressão e no isolamento. Foi muito importante procurar um terapeuta para trabalhar essa dor. E ele perguntou: "Quem são os amigos que você sente que vão amá-lo do jeito que você é, sendo pai do seu filho com dificuldades?". Eu escolhi dois ou três amigos e comecei a conversar sobre o assunto com eles. Isso me libertou; de lá para cá, eu passei a falar do Leandro, mostrar fotos, contar a história toda. A situação ficou muito mais leve e eu pude aceitar o Leandro do jeito que ele é. Hoje, eu tenho muito orgulho do meu filho.

Quanto menos você falar dos seus diálogos internos negativos, mais eles ficam trancados dentro de você, mais fortes eles ficam e mais estragos fazem na sua performance. Quando você os expõe, eles perdem força. Pois, ao externar esses diálogos, você começa a entender que esses pensamentos críticos não têm razão de ser e, à medida que você compartilha, eles perdem força.

O terceiro passo é compreender e perdoar as pessoas que machucaram você.

Cada frase dita pelas vozes na sua mente vem de figuras importantes que tiveram problemas em educar você. O pai que não confiou em você ou que sempre criticava. A mão superprotetora que tratava você como um bebê, mesmo quando você já tinha mais de 20 anos. Ou os dois que não aceitavam você porque, por serem jovens, não queriam ser pais.

As vozes negativas na sua mente, geralmente, são mensagens repetidas por eles várias vezes. Você vai perceber que, quanto mais você observa esses diálogos internos negativos, mais identifica a neura da pessoa que falou isso na sua infância e melhor compreende a razão de ela ter enviado essas mensagens negativas.

> **QUANTO MAIOR A COMPREENSÃO, MAIS PERTO VOCÊ FICARÁ DO PERDÃO.**

O quarto passo é estimular os diálogos internos positivos.

Se você é chamado para um projeto novo, pense positivamente e inspire-se: "Uau, isso é completamente novo para mim, vou aprender um monte de coisas novas". Deixe as mensagens positivas ficarem automáticas na sua mente. Quanto mais positivos forem os seus diálogos internos, maiores os seus poderes, a sua animação, a sua disposição, e menos frequentes serão as mensagens negativas.

Treine enviar mensagens positivas para você. Incentive o diálogo interno positivo. Você vai ver que é uma questão de treinamento. A base do meu treinamento com atletas olímpicos é energizar os diálogos internos positivos.

Na cabeça da pessoa, a mensagem tem de ser automática: "Adoro decisões. Adoro decidir os jogos". E se acontecer um problema no meio da partida tem de falar para si mesmo: "Agora é tudo ou nada".

Agora é a hora de mostrar a sua capacidade de superação e dizer para você: "Agora é a minha vez. Eu mereço realizar todos os sonhos que eu quiser".

VAMOS AUMENTAR A AUTOEFICÁCIA!

A segunda maneira de abrir a sua mente é desenvolver a autoeficácia. "Roberto, o que é isso?"

É um conceito que foi desenvolvido pelo psicólogo canadense Albert Bandura, que demonstrou que as pessoas que tinham autoeficácia eram as pessoas que faziam acontecer, ou seja, aquelas que, para realizar as suas metas, superavam todos os obstáculos que surgiam no meio do caminho.

Resumindo: autoeficácia é a sua capacidade de determinar objetivos e realizá-los.

É importante notar que autoeficácia é muito diferente de autoestima, que é a sua autoimagem, independentemente dos resultados. Quer dizer, um professor pode ter uma autoestima elevada, se achar o máximo, embora seus alunos não aprendam nada.

QUANTO MAIS POSITIVOS FOREM OS SEUS DIÁLOGOS INTERNOS, MAIORES OS SEUS PODERES, A SUA ANIMAÇÃO, A SUA DISPOSIÇÃO, E MENOS FREQUENTES SERÃO AS MENSAGENS NEGATIVAS.

A autoestima pode ser até perigosa, pois quem acha que sabe, mas não sabe, se mete a fazer coisas que não devia.

Antes de Bandura, as empresas procuravam pessoas apenas com autoestima elevada, que falavam muito de si, se elogiavam o tempo todo, porém, depois de contratados, eram uma decepção.

O mesmo fenômeno acontece na vida pessoal: se você se casou com um sujeito que se sente o máximo, independentemente do casamento estar um caos, vai entender o problema: a responsabilidade é sempre sua, pois ele SE ACHA sensacional.

Aquela *top model* linda pode ter a autoestima alta porque fica deslumbrada com tantos elogios, mas será que ela vai ter autoeficácia para enfrentar com você, no dia a dia, todos os contratempos de um casamento?

Aquele pai multimilionário – aplaudidíssimo pela mídia, temido pelos concorrentes, invejado por todos nos almoços, com a autoestima alta – pode desprezar o filho com problemas, porque a sua autoeficácia paterna é baixíssima, e ele fica frustrado por não ter paciência para orientar esse adolescente.

Bandura percebeu que era importante criar um conceito que mostrasse se o indivíduo concretizaria um projeto, mesmo sabendo que, inevitavelmente, vão aparecer dificuldades no meio do caminho.

Existe uma regra do sucesso: quem faz algo importantíssimo vai ter de superar desafios.

Pergunta: "Você é o cara de autoestima alta ou a pessoa de autoeficácia elevada?".

A autoeficácia de uma pessoa vai definir quatro aspectos principais da vida.

Primeiro aspecto: a escolha das metas e das ações

Os seres humanos tendem a fazer somente o que eles acreditam que são capazes de fazer e a ter ambições que acham que podem realizar; dessa maneira, evitarão as metas em que não se acreditam eficazes.

Isso começa na vida afetiva e se estende a todas as áreas da vida. Se uma pessoa tem autoeficácia baixa, ela terá a tendência de ficar com um companheiro ou uma companheira do tamanho da sua autoeficácia. Ao procurar um emprego em empresas, terá o mesmo princípio de escolha, ou seja, ela vai procurar e aceitar empregos inferiores em empresas secundárias ou, se tiver a própria empresa, vai administrá-la para sobreviver. Ao passo que a pessoa com autoeficácia alta tende a procurar emprego em grandes companhias ou a construir grandes negócios no marketing multinível.

Segundo aspecto: o tamanho da autoeficácia vai definir a quantidade de esforço e a resistência a adversidades.

As pessoas com maior autoeficácia vão se esforçar mais, batalhar mais, resistir mais aos resultados adversos e, por isso, vão se recuperar mais rapidamente das derrotas.

Terceiro aspecto: maior autoeficácia acarretará maior rendimento efetivo.

O fato de as pessoas acreditarem na sua capacidade faz com que elas não gastem energia para administrar inseguranças; por isso, fazem o que tem de fazer. Eu me lembro com muita gratidão dos momentos da minha vida em que estava procrastinando e ouvia da minha mãe: "Tem que fazer! Faz logo e faz bem-feito".

Quarto aspecto: definição dos padrões de pensamentos e reações emocionais.

Aqueles que se acham eficazes mantêm a serenidade e os pensamentos positivos no meio das tempestades, enquanto os que se acham menos eficazes tendem a criar reações emocionais negativas e padrões de pensamentos que fazem com que eles desistam quando enfrentam dificuldades.

Fazendo um check-up de autoeficácia: como estão os seus índices de autoeficácia?

1. **Você define metas ambiciosas porque acredita na sua capacidade de realizá-las?**
2. **Você luta até ver as suas metas realizadas?**
3. **Você faz acontecer?**
4. **Você mantém a serenidade em situações de pressão?**

"Roberto, como é que eu AUMENTO a minha autoeficácia?"
Existem quatro maneiras:

1. **Colecionar vitórias;**
2. **Modelagem de pessoas com a autoeficácia alta;**
3. **Receber mensagens de estímulo de pessoas importantes;**
4. **Gerenciar as energias.**

Então vamos conhecê-las melhor.

A primeira maneira é colecionar vitórias.

Desistência e derrotas sucessivas destroem a sua autoconfiança; por isso, é fundamental que você defina uma meta e, logo após uma análise profunda, faça um planejamento detalhado para entrar para valer. Depois de definir o projeto, vai ser tudo ou nada até concretizá-lo.

Pode ser uma sucessão de pequenas vitórias...

Como diz o escritor e consultor estadunidense Peter Sims, no livro *Little Bets* (Pequenas apostas, em tradução livre), de 2013,[1] grandes

Desenvolva uma mentalidade ilimitada

sucessos começam, muitas vezes, de pequenas apostas. É por meio delas que as ações vão se calibrando. De acordo com ele, era assim que funcionava a cabeça de Steve Jobs, cofundador da Apple.

Eu pensava que nunca escreveria um livro que ajudasse as pessoas, mas eu estudava muito, tinha paciência para reescrever o texto quantas vezes fossem necessárias. Pedia a amigos que lessem o texto, fizessem críticas e dessem sugestões, o que me ajudava a melhorar o texto, e, assim, os resultados começaram a aparecer.

Meus primeiros livros, *A carícia essencial* e *Amar pode dar certo*, vendiam muito. As cartas de agradecimento chegavam às centenas, os convites para palestras eram muitos. Os meus diálogos internos críticos ainda diziam que era sorte, mas eu não deixei que a insegurança me impedisse de agir.

Quando lancei *O sucesso é ser feliz*,[2] não houve diálogos internos negativos e baixa autoestima que me tornasse incapaz de acreditar na minha capacidade de realização.

> **A CONSTRUÇÃO DA MINHA AUTOCONFIANÇA COMO ESCRITOR PASSOU POR MUITAS PEQUENAS VITÓRIAS QUE FORAM DESTRUINDO OS MEUS SENTIMENTOS DE INFERIORIDADE.**

No dia 12 de abril de 2000, o jogador de futebol Ronaldo Nazário, já conhecido como Fenômeno, voltava a campo depois de cinco meses sem jogar, por causa de uma cirurgia no joelho direito. Ele jogava pela Internazionale de Milão numa partida contra a Lazio, pela Supercopa da Itália. Aos sete minutos de partida, ele avançou rumo à área adversária e... caiu, urrando de dor. Os analistas foram quase unânimes em dizer que a carreira de Ronaldo terminara ali. Alguns, mais otimistas, afirmavam que ele podia voltar a jogar, mas jamais seria o mesmo craque de antes.

Pois, um ano e três meses depois, com uma dedicação quase exclusiva à recuperação dos ligamentos, Ronaldo voltava a campo. Quase não deu tempo de voltar à forma, mas Felipão, o então técnico da seleção brasileira, se convenceu de que ele estaria em forma para a Copa de 2002. E estava. Ronaldo, que na Copa de 1998 ficou marcado por uma convulsão que o deixou totalmente abatido na final contra a França, foi um dos principais nomes na conquista do pentacampeonato brasileiro – com os dois gols da vitória sobre a Alemanha na final.

Você acha que o Ronaldo ficou curado de um dia para o outro? Não!

Tenho certeza de que cada dia de fisioterapia foi uma batalha, e a vitória em cada uma dessas batalhas moldou a sua autoeficácia; por esse motivo, pudemos vê-lo brilhar nos campos do Japão.

Por isso, quero dizer a você: mesmo que você não se sinta o máximo, trabalhe com método, estude muito, que os seus resultados vão destruir qualquer insegurança que você tenha.

Se você se propõe a ler um artigo, leia-o até o final, até que fique fácil ler um livro inteiro. Se você resolve cortar o açúcar da sua dieta durante um mês, dê um jeito de não ingerir nenhum açúcar nesse período. Se você diz para si que não vai brigar com o seu sócio durante uma reunião em que os dois têm pontos de vista diferentes, cumpra o prometido.

O seu sucesso é uma sucessão de vitórias diárias que você aceita enfrentar.

A segunda maneira para a construção da autoeficácia é pela modelagem.

Você modela três tipos de pessoas: aquelas que já têm sucesso, as que estão caminhando para o próximo nível e os seus ídolos. Vamos começar falando da sua turma. Se você quer ser um empreendedor de sucesso, ande com empreendedores de sucesso. Se você quer ser um marido participativo, ande com amigos que têm bons casamentos.

Esta regra é fundamental: ande com pessoas que estão aonde você quer chegar ou que estão caminhando para o mesmo lugar, e isso também significa deixar para trás amigos que não evoluíram para o mesmo caminho que você.

Defina os dois ou três amigos que vão acompanhar você pela vida toda. Se tiver dois ou três amigos desse tipo já vai ser ótimo, mas não tenha pena de mudar de turma.

Tenha isto claro na sua mente: você vai modelar quem convive com você.

Esse é um conceito que tem uma base bem assentada na neurociência. No começo do século, cientistas descobriram que os primatas têm no cérebro células especializadas em imitar os comportamentos que presenciam. É assim que se dá a maior parte do aprendizado na nossa vida,[3] pois, quando somos crianças, tendemos a imitar os nossos pais, e, quando nos tornamos adultos, tendemos a imitar os amigos.

Os neurônios-espelho ajudam a explicar o fenômeno apontado pelos cientistas sociais estadunidenses Nicholas Christakis e James Fowler de que nós somos profundamente influenciados pela nossa rede de amigos e colegas. No livro *O poder das conexões*,[4] eles mostram que a sua rede de relações sociais está diretamente relacionada a quem você é. Quem tem amigos gordos tem mais possibilidade de ser gordo; quem tem amigos felizes é mais feliz; quem tem amigos que bebem muito vai ter muito mais chance de beber.

Sabemos que nós, humanos, tendemos a nos comportar de acordo com o nosso grupo. Se você trabalha numa empresa formal, tende a ir para o escritório de terno ou tailleur. Se você vai pular carnaval na Bahia, usa abadá. Se você quer ser realizador, ande com realizadores.

Quando você vai para o próximo nível e as pessoas que acompanham você não evoluem junto, é muito complicado mantê-las no seu grupo de amizades.

Eu era médico de pronto-socorro, virei terapeuta e nunca mais convivi com os médicos de emergência. Depois criei a Editora Gente, com a Rosely Boschini, e esse foi o meu período de conviver com a turma do mundo do livro, que revolucionou o mundo editorial.

Mais tarde, criei o mundo de palestras e passei a conviver com os grandes palestrantes nacionais e internacionais, deixando os terapeutas no passado.

Foi assim com o marketing digital, depois com as startups e agora com a inteligência artificial.

Não tenha dó de deixar o passado para trás.

Já falamos da modelagem dos seus amigos. Agora vamos falar da modelagem dos seus ídolos.

Quando você for iniciar um projeto, procure definir quem vai ser a sua referência nessa área e dê um jeito de modelar essa pessoa.

Quer saber quem foram algumas pessoas que eu modelei?

Eu não tinha uma boa referência de como ser pai e marido. Os meus pais tiveram muitos pontos positivos, mas deixaram muito a desejar em pontos importantes. Quando eu comecei a trabalhar para ser um bom pai e ter um casamento amigo, eu modelei uma terapeuta estadunidense chamada Muriel James. Eu fiz tudo para estar perto dela o tempo todo. Desde ajudar nos seus treinamentos nos Estados Unidos até convidá-la para palestras no Brasil. É lógico que eu aprendi muito a ser terapeuta com ela, mas o que mais modelei foi o casamento dela com o seu marido, Ernie, e o jeito de ele se relacionar com os filhos deles.

Quem eu modelei para ser um terapeuta? Cecílio Kerman, um psiquiatra argentino sensacional. Essas pessoas que você modela dão a referência de como definir um projeto, planejá-lo e realizá-lo. Quantas vezes eu estava com um cliente em terapia e não sabia o que fazer e pensava: "O que o Kerman faria se estivesse aqui?".

Bom, então, vamos ao método de como modelar a sua referência:

1. **Defina quem é o melhor na sua área. Atenção: ele não é o ídolo do passado, porque a maioria dos ídolos é passageira. Lembre--se: escolha bem e foque a modelagem dessa pessoa;**

2. **Organize tudo o que existir da sua referência e monte a sua coleção. Coloque em um único arquivo os links de vídeos antigos, livros e treinamentos on-line;**

Desenvolva uma mentalidade ilimitada

3. Assista aos vídeos e leia esse material, faça os treinamentos, faça mentoria e torne-se um expert nessa pessoa;

4. Comece a estudar o seu jeito de pensar, de preparar estratégia, de decidir e de implementar;

5. Imite-o durante algum tempo. Não tenha a mínima vergonha de imitá-lo;

6. Procure uma maneira de estar perto dele. Seja seu assistente, secretário, parceiro;

7. Nessa etapa, o mais importante não é o retorno financeiro, mas a sua evolução profissional e pessoal.

Quando defino quem vai ser a minha referência, dou um jeito de estar com essa pessoa, faço o trabalho que for necessário, até já escrevi livro de graça para um deles, pago o preço que for para estar junto e procuro modelar tudo.

O terceiro ponto são as mensagens de estímulo e orientação de pessoas influentes na sua vida.

Mensagens de pessoas que você admira vão funcionar praticamente como uma ordem, então cuide destes dois pontos:

1. Procure conviver com pessoas competentes na área em que você quer se desenvolver, que orientem você sobre como realizar a sua meta. Observar as pessoas que você admira é quase uma previsão de onde você vai chegar na sua vida;

2. Procure fazer um bom trabalho para que elas façam comentários positivos a respeito da sua performance.

Quando você estiver realizando um projeto com elas, dedique-se muito, procure superar as expectativas, entenda o que ela quer do projeto para que você sempre se sinta competente.

Ah! Um toque final sobre conviver com sua referência.

Não seja carente! Não fique implorando por elogio. Quando estiver com uma pessoa desse nível, peça orientação para melhorar, deixe que os elogios venham depois que você se tornar referência para alguém.

O quarto ponto para se tornar alguém mais autoeficaz é aprimorar constantemente as suas reações psicológicas aos desafios.

Quando você toma um tranco da vida e fica muito frustrado e desanimado, a tendência é que fique cada vez mais frustrado e desanimado.

Porém, se encarar o tranco como um desafio, que faz parte da realização do projeto, você cria uma reação psicológica de autoconfiança.

Cada vez que você se desespera diante de uma dificuldade, o seu cérebro reforça os circuitos de perda de autoconfiança e, consequentemente, na próxima vez você vai procurar metas menos significativas e abandonar quando as dificuldades aparecerem.

Talvez não haja história mais simbólica de uma mentalidade ilimitada do que a do físico britânico Stephen Hawking. Aos 21 anos, quando mal havia começado um doutorado na Universidade de Cambridge, na Inglaterra, ele foi diagnosticado com esclerose lateral amiotrófica (ELA), uma doença degenerativa que ataca os nervos. O prognóstico era de que ele não viveria mais do que dois anos. Mas ele viveu bem mais do que isso. Não só concluiu o seu doutorado em Cosmologia como foi um pioneiro nos estudos sobre como o Universo se formou – incluindo a revelação de que os buracos negros, lugares no espaço em que a gravidade é tão forte que nem a luz escapa, possuem temperatura e emitem radiação.[5]

A doença foi fazendo com que ele perdesse os movimentos. Ficou preso a uma cadeira de rodas e, em seguida, perdeu a fala. Usava um aparelho que captava os movimentos mínimos das suas bochechas (por um raio infravermelho acoplado aos óculos), pelo qual ele apontava as letras que queria, para formar palavras e frases. Quando as frases eram formadas, um sintetizador de voz as enunciava.[6]

Apesar de todos os desafios que a doença lhe causava, ele sempre perseverou e levou uma vida com plenitude.

Desenvolva uma mentalidade ilimitada

A doença não o impediu de se casar e ter três filhos; de tornar-se professor de Matemática e ocupar a cadeira que pertenceu a Sir Isaac Newton; de inventar teorias que ainda hoje representam um desafio para os físicos; de escrever diversos livros de divulgação científica; e de participar de episódios de ficção na TV (nas séries *Jornada nas estrelas: a próxima geração* e *The Big Bang Theory*). Em 2014, um filme sobre ele, *A teoria de tudo*, embasado no livro homônimo escrito pela ex-esposa, Jane, recebeu cinco indicações ao Oscar.

Hawking morreu, em 2018, aos 76 anos. Ele viveu mais de meio século além do previsto pelos médicos, com realizações extraordinárias.

A sua atitude perante a vida pode ser um lembrete para você manter a consciência mesmo no meio da maior tempestade.

Se o seu assistente se atrasa regularmente, em vez de dar uma bronca e criar um clima pesado, que vai prejudicar ainda mais o trabalho, encontre um modo de conscientizá-lo da importância de respeitar os horários. A sua filha não quer fazer o dever de casa? Em vez de gritar, procure conversar e saber o que está acontecendo e como você pode ajudá-la.

A nossa mente é como a nossa musculatura: quanto mais você exercita, mais forte ela fica. Cuide de ampliar o poder da sua mente como um maratonista cuida do seu treinamento diariamente.

A SUA ATITUDE PERANTE A VIDA PODE SER UM LEMBRETE PARA VOCÊ MANTER A CONSCIÊNCIA MESMO NO MEIO DA MAIOR TEMPESTADE.

07
Atitudes construtivas

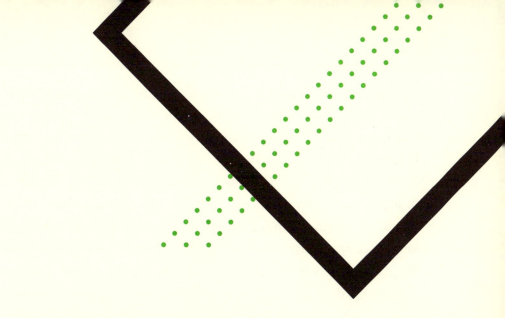

O segundo componente crucial para se tornar uma pessoa realizadora é a atitude.

Nossas atitudes têm três componentes: cognitivo (o que você pensa sobre algo), afetivo (como aquilo faz você se sentir) e comportamental (como você age em relação àquilo). Elas se formam ao longo da vida, por meio das experiências pelas quais passamos, das normas sociais a que estamos sujeitos, da identificação com outras pessoas ou grupos, do aprendizado, do condicionamento, da observação.

Embora as atitudes sejam bastante características de uma pessoa, a boa notícia é que elas podem mudar. E devem mudar. Porque, em relação a qualquer assunto, você tem uma gama de opções que vai da atitude totalmente negativa até a atitude totalmente positiva. Adivinha qual é a que vai dar melhores resultados?

Então vou listar agora sete atitudes que você pode mudar agora – a partir de hoje. Provavelmente, você já tem essas atitudes em algum grau. A questão é elevar o seu nível em cada um desses aspectos. Vamos lá:

1. TER HONRA

Eu viajo muito para o Oriente para passar um tempo com os meus mestres de meditação e espiritualidade. Uma das principais característicaccess das sociedades orientais é a preocupação com a honra. Algumas vezes, isso é exagerado. No Japão antigo, se um samurai se considerasse desonrado, era comum que ele cometesse um suicídio ritual, o *seppuku* (uma morte dolorosa que consistia em cortar a barriga com a espada). Ninguém deve chegar a esse limite, mas ter um senso apurado de honra só vai lhe fazer bem. Tem pessoas que não honram o lugar onde vivem, falam mal da cidade e do país. Além do mais, isso mostra que a pessoa não tem dignidade, porque tem gratidão pelo lugar onde vive, realiza os seus sonhos e cega a sua família. Coloca a pessoa em um estado de vítima. Mostra que ela se sente incapaz de viver onde pudesse ser feliz. Os perdedores adoram reclamar, falar mal e dar desculpas, mas eles não percebem que são os donos da chave que os mantém dentro da prisão imaginária.

Tem uma piada inglesa que mostra bem essa posição.

> Na hora do almoço, o novo funcionário abre a sua marmita, olha para a comida e, surpreso com um ar de desapontamento, diz: "Sanduíche de berinjela! Odeio sanduíche de berinjela!". E joga a comida na lata do lixo.
>
> No dia seguinte, a mesma coisa! E então um colega de trabalho fala para ele:
>
> "Por que você não fala para a sua esposa que você não gosta de sanduíche de berinjela?"
>
> O rapaz faz uma cara de bravo e responde:
>
> "Esposa? Eu não sou casado! Sou eu mesmo que faço os meus sanduíches!"

Se você não gosta da comida que está na sua frente, crie a atitude de mudá-la, trocar de emprego, do lugar onde vive, mas pare de querer mostrar que é o máximo, quando você se sente o mínimo.

HONRE TUDO O QUE VOCÊ ESTÁ VIVENDO!

Honrar é assumir a responsabilidade pela sua vida e se tornar alguém digno. Por isso, ela é fundamental. As três honras mais importantes são:

Honrar os antepassados

Existe um ditado no Japão que explica bem esse tópico: "As árvores mais altas têm as raízes mais profundas". Se você quer ter uma raiz forte, precisa honrar os seus pais, os seus avós, a sua origem.

Não significa que você tenha de repetir a história deles. Mas é importante entendê-los. Elaborar a sua história, respeitar e prezar os caminhos que trouxeram você até a existência.

Eu me lembro, com muita gratidão, da minha avó japonesa colocando, todos os dias, uma pequena porção da comida do nosso almoço para o espírito dos nossos antepassados. Isso me inspira, todos os dias, a orar e agradecer por tudo o que os meus pais e avós fizeram por mim.

Honrar a si próprio

É muito importante honrar a si mesmo, honrar a sua palavra, honrar a sua competência, os seus sonhos. Isso se traduz assim: se você disse que algo vai acontecer, tem de acontecer. Você se comprometeu com algo? Cumpra. Não importa se isso vai exigir algumas noites sem dormir, se não vai poder sair com os amigos durante algum tempo.

O que mais ouvimos são desculpas. Não pude entregar o relatório no dia combinado porque tive de ajudar na contabilidade. Não deu para levar os filhos para a Disney porque o dólar deu um salto. Não consegui tirar 7 na prova porque fiquei doente e não consegui estudar tudo o que devia. Cada desculpa torna você uma pessoa menos confiável. Até para você mesmo. Sobretudo para você mesmo.

Significa que você sempre vai cumprir 100% do que prometeu? Não. Ninguém consegue. Mas uma coisa é dizer que não vai levar o seu filho para a Disney porque apareceu uma pandemia e o país fechou as fronteiras – e o próprio parque. Outra coisa é dizer que não vai porque o dólar subiu e você não tinha se preparado para um gasto um pouco maior.

E se você prometeu um bônus para a sua equipe e não vai conseguir cumprir a promessa? Então você precisa chamá-los, olho no olho, explicar as dificuldades, assumir a responsabilidade e pactuar um novo prazo.

Quando eu estava escrevendo o livro *Pare de dar murro em ponta de faca*,[1] tive um problema em meus dentes. Era uma infecção forte, precisei tomar muito antibiótico e fazer tratamento de canal em três dentes, fiquei sem dormir, um tremendo desconforto. Então o pessoal da editora me ofereceu para esticar o prazo, atrasar a entrega do livro, e eu não aceitei.

Por que eu fiz questão de cumprir o prazo? Por três motivos. Primeiro, para mostrar à equipe que faço parte dela, que estou comprometido até o último fio de cabelo. Em segundo lugar, porque eu tenho de ter a disciplina e a organização para entregar no prazo. Em terceiro lugar, eu preciso estimular a minha mente sempre na direção da autoconfiança – porque, se você começa a não cumprir seus compromissos, passa a desacreditar de si mesmo.

Portanto, prometeu? Cumpra.

Honrar o outro

Este é um dos maiores desafios da atualidade: valorizar o seu compromisso com o outro. Muita gente diz que não tem tempo para ficar com os filhos porque precisa ganhar dinheiro, justamente para lhes dar conforto. Mas está errado. O seu filho não pediu para nascer, você o convidou. Você não pode convidar alguém para a sua casa e não estar lá para receber aquela pessoa.

Você tem de honrar o seu cliente. Se alguém o contratou, você tem de agradecer e retribuir a essa pessoa que apostou no seu trabalho. A confiança recebida tem de ser devolvida com dedicação, com o máximo da sua capacidade.

Há alguns anos, eu fiquei hospedado em um *ryokan*, uma hospedagem tradicional no Japão. Apesar de eu não falar japonês e a equipe não falar inglês, foi o melhor atendimento que recebi na minha vida. Quando fui pagar a conta, o gerente falou algo diferente do obrigado normal. Depois de alguns minutos de tradução, sem os dois entenderem a língua do outro, eu compreendi o que ele tinha falado: "Senhor Roberto, obrigado por me ajudar a criar os meus filhos".

Para alguém que entende o significado afetivo de um pagamento, o trabalho tem um valor especial.

Quando a empresa paga o seu salário, você pensa "Obrigado por me ajudar a criar os meus filhos"?

Pessoas especiais honram as pessoas que confiam nela.

2. ANDAR COM REALIZADORES

É uma escolha, é uma atitude: colocar-se ao lado das pessoas que já estão no lugar em que você quer chegar. Entretanto, o que se vê é que a maioria das pessoas – que infelizmente é formada de batalhadores – anda com gente que pronuncia as três palavras da derrota: tentar, quase, talvez. "Eu vou tentar fechar aquele negócio", "Eu quase bati a meta", "Eu talvez passe no vestibular".

Como disse o mestre Yoda, do filme *Guerra nas estrelas*: "Faça. Ou não faça. Não existe tentar". O "talvez" tem o mesmo problema. Você já está admitindo a possibilidade de fracassar. Repare: todo mundo sabe que a possibilidade de fracassar existe. Mas pensar nela, na hora em que você vai começar a sua tarefa, é convidá-la para se juntar a você. É ir para a batalha com insegurança. O "quase" é a mesma coisa, com algo que já passou. É a desculpa. "Eu quase ganhei a concorrência", "Quase fiz o gol", "Quase declarei o meu amor"... Em geral, esses "quases" equivalem a zero.

Você precisa ter a atitude de se relacionar com gente que realiza, que transforma: empreendedores, artistas, intelectuais, craques. É gente de quem você vai absorver ideias, energia, inspiração. "Puxa, essa mulher é diretora da empresa e tem a gana de uma novata!" "Caramba, esse sujeito é genial e ainda vive fazendo cursos para se atualizar." Ande com esse tipo de gente e vai ser impossível não aprender com eles.

Como já disse, andar com pessoas que já estão aonde você quer chegar é crucial para entender a realidade daquele novo nível. Você ganha uma nova perspectiva de vida, enriquece o seu repertório.

Outro tipo de pessoa para acompanhar são aquelas que estão subindo no mesmo ritmo que você. "Eu quero montar um escritório de advocacia, aquele meu colega de faculdade é um craque, nós vamos nos dar bem numa sociedade." "Eu sou um fisioterapeuta especializado em ombro, volta e meia encontro um colega que sabe tudo de joelho." Essas são as pessoas com quem você pode compartilhar suas dificuldades, suas alegrias, seus caminhos.

3. COMER OS SAPOS NO CAFÉ DA MANHÃ

Aprenda a comer os seus sapos no café da manhã. Uma vez eu li um livro do Brian Tracy que trazia essa ideia.[2] Na verdade, descobri depois que é uma citação razoavelmente famosa em inglês, às vezes atribuída ao escritor Mark Twain, mas cuja origem vem da França do final do século XVIII, de um escritor chamado Nicolas Chamfort.[3]

Basicamente, ela significa o seguinte: enfrente os seus piores problemas logo que começa o dia. Assim, ao longo da jornada você sabe que o mais desagradável já passou. É muito mais produtivo porque, enquanto você não se livra da tarefa chata, tudo o que você faz tem aquela sombra, aquela angústia.

Problemas sempre vão aparecer. A vida de empresário, a vida de escritor, a vida de palestrante, a vida de pai ou mãe, a vida de marido ou mulher e a vida de filho é feita de coisas gostosas e de coisas muito desagradáveis. Você tem um amigo que vira o seu sócio, mas vocês têm modos de ver a vida muito diferentes; então vocês chamam um consultor, um mentor, vão para um retiro para debater a relação, fazem um curso de gestão juntos e vão arrastando o problema durante dois, três, cinco anos. Você dá uma ordem, ele dá outra diferente, cada hora é uma crise. É melhor sentar e resolver o assunto de vez: os dois sabem que não está dando certo. No começo, uma separação é dolorida; três anos de conflito depois, ela é uma tragédia.

As pessoas tendem a achar que os problemas vão se resolver sozinhos. Não se resolvem. Alguém precisa fazer alguma coisa e é melhor que seja você. Geralmente, uma criança apresenta sintomas de gagueira por volta dos 3 anos, e os pais demoram três, quatro, cinco anos para procurar ajuda, muitas vezes a fonoaudiologia já não é suficiente. A criança sofreu bullying, está emocionalmente fragilizada e precisará passar por um trabalho muito mais sério.

Então é importante atacar logo os problemas. Identificar os sapos e comê-los com rapidez. Quando você observa os problemas de relacionamento, não só os afetivos mas também os profissionais, eles foram agravados pela falta de conversa. É como a manutenção da casa. O portão dá uma emperrada, você descobre um jeitinho de fechar, apertando um pouquinho. Aí aquilo força a dobradiça, que fica solta, e você improvisa com um prego torto. Uns meses depois, o portão começou a enferrujar... Resultado: o que você poderia ter resolvido com uma boa lubrificação na maçaneta agora vai lhe custar um portão novo.

4. PAGAR O PREÇO DO SEU SONHO

Algum tempo atrás, passei no quarto da minha filha Marina e a chamei para jantar. Ela respondeu que não ia jantar conosco. Ia só comer alguma coisinha rápida, porque não podia parar os estudos. No sábado, chamei-a para ir ao clube e ela disse que ficaria em casa estudando. Ela faz faculdade de Medicina. Passou aquele fim de semana inteiro estudando até as 20 horas de domingo, quando foi para a república perto da faculdade, onde mora.

Naquele fim de semana, eu fui, involuntariamente, aquele diabinho que fica tentando a pessoa a se entregar ao prazer imediato. E ela foi o exemplo daquilo que eu vou lhe recomendar agora: a pessoa que sabe que os seus objetivos têm um preço e está disposta a pagá-lo.

Todo sonho tem um preço e é importante se dar conta de que o sucesso é construído na escuridão. Na escuridão e na solidão. Sabe aquele ditado? "Você vê as pingas que eu tomo, mas não vê os tombos que eu levo..." Pois o sucesso é isso também. Você vê o filme, não vê os ensaios, as noites decorando falas, o tempo gasto na sala de edição. Você vê os dez segundos em que o jamaicano Usain Bolt corre a prova de 100 metros rasos, mas não vê as centenas de horas que ele treinou, estudou, se preparou mentalmente para aqueles dez segundos.

É no escuro, de noite, na solidão, que se define quem você é, o que almeja e o que vai conseguir. E esteja certo: você consegue!

Eu trabalhei muitos anos com medalhistas olímpicos, atletas de alta performance. O que eles fazem na quadra, na hora da competição, é o resultado do tipo de treino feito, da alimentação, do trabalho de fisioterapia, do estudo do adversário.

Você não faz ideia de quantos talentos desperdiçados eu já vi na vida. Gente que travou na atitude, travou na neurose. Jovens talentosos que podiam ser grandes jogadores de futebol, mas se esquivavam dos treinos, entravam em provocação de amigos, se perdiam nas baladas.

O psiquiatra canadense-americano Eric Berne dizia que muitas pessoas com talento para ser um Baryshnikov, um dos maiores bailarinos russos do século passado, viviam dançando com uma pizza por entre as mesas de um restaurante de segunda categoria. E por quê? Porque não tiveram a coragem de pagar o preço, de trabalhar no silêncio e, sobretudo, a sua mente, seus bloqueios, suas travas. Muita gente talentosa se perde porque teve traumas na infância, por bloqueios, por medo do sucesso, do fracasso, da crítica.

Para resolver essas questões, também é preciso pagar o preço: vai para a terapia, vai trabalhar a sua cabeça, vai trabalhar a sua mentalidade. É bom se divertir? Com certeza. A vida que é só trabalho, só obrigação, acaba levando a outro extremo – pessoas que não sabem aproveitar o que conquistaram e, muitas vezes, perdem a essência da vida. Mas você tem de saber qual é o preço das coisas que você quer.

Exatamente como numa loja. Você está disposto a pagar o preço daquele produto? Durante muitos anos eu fui palestrante. Paguei um preço para chegar àquela posição, em preparo, trabalho e estudo. E depois pagava um preço para manter aquela atividade: eu tinha de viajar, dormir longe de casa, da minha mulher, dos meus filhos. E eu sempre dizia para mim mesmo: que bom que você topa pagar o preço!

5. PASSAR COMO UM TRATOR POR CIMA DOS OBSTÁCULOS

Todo mundo sabe que as mágicas das histórias infantis não acontecem na vida real. Mesmo assim, a grande maioria das pessoas acredita que as soluções para a sua vida vão acontecer num passe de mágica. É só ver as biografias de grandes empreendedores para entender que o começo é sempre, sempre difícil.

Jeff Bezos começou a Amazon com uma turma ajoelhada numa sala embrulhando encomendas de livros. A mesa era uma porta velha.[4] Steve Jobs e Steve Wozniak começaram a Apple na garagem da casa dos pais de Jobs. A HP começou numa garagem. O Google começou numa garagem. A Disney começou numa garagem.

Para construir todos esses impérios, os empreendedores tiveram de vencer vários obstáculos. E sabe quais são os maiores obstáculos? Os que estão dentro de você. É quando você perde a motivação, se sente cansado, com sono, com fome. Porque no começo a maior parte dos empreendedores sobrevive à base de pizza, lanche.

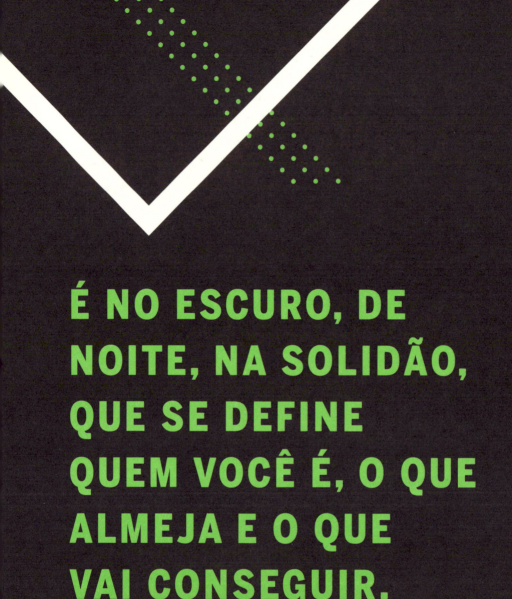

Eu costumo dizer que existem as pessoas normais e os realizadores. As pessoas normais, quando estão com fome, vão comer. Quando estão com sono, vão dormir. Quando estão cansadas, param. Os realizadores não. Eles continuam.

Como é que um cirurgião aguenta ficar dez horas operando, sob tensão, um caso de vida ou morte? É porque está focado em salvar aquela vida. A fome nem chega. O cansaço bate e resvala, vai embora. Nem vontade de ir ao banheiro ele tem.

Para operar uma transformação na sua vida, nesse tempo, você também tem de falar: dane-se o cansaço, dane-se a fome. Apareceu o medo, a angústia por não saber se o projeto vai dar certo? Não preste atenção nesse medo.

Todos esses obstáculos, você tem de passar por cima deles. Como um trator.

6. VIVA O PRESENTE, CRIE O FUTURO

Em relação ao tempo, existem três tipos de pessoa.

- **Há aquelas que vivem no passado. O lado bom é que elas cultivam o respeito às tradições, aos ensinamentos que receberam. Costumam cuidar das suas raízes. O lado ruim é que em geral são presas a situações pregressas que idealizam. Falam nos "bons tempos" como se os atuais fossem muito piores. Por isso, tendem a se lamentar e reclamar muito mais do que agir;**
- **Há as pessoas que vivem no presente. O lado bom disso é que elas aproveitam o dia, estão sintonizadas com o que acontece, guardam menos rancores. São pragmáticas. O lado ruim é que em geral ficam à mercê do que lhes acontece, são mais reativas do que proativas. Vão levando a vida em vez de guiá-la na direção que escolheram;**
- **Há aquelas que vivem no futuro. O lado bom é que elas têm planos, sonhos, sabem esperar. Em geral, são otimistas. O lado**

ruim é que costumam se descuidar do presente. Assim, terminam sendo mais sonhadoras do que realizadoras.

Então, qual é o ideal? Juntar parte dos três, mas principalmente dos dois últimos.

O passado é aquilo com que todos nós temos de lidar: por definição, ele nos formou. Cabe respeitá-lo ou reinterpretá-lo (sobretudo se você viveu algum trauma) e deixá-lo ficar no passado.

O presente é o momento mais importante. É só nele que vivemos. É crucial perceber isso. É ele que nos afeta, é sobre ele que podemos agir.

> ## O FUTURO É O QUE NOS ESPERA OU O QUE CONSTRUÍMOS. MAIS PROVAVELMENTE, UM MISTO DAS DUAS COISAS. POR ISSO É FUNDAMENTAL MOLDAR O PRÓPRIO FUTURO, NA MEDIDA DO POSSÍVEL.

É essencial que saibamos integrar o presente e o futuro. Porque quem pensa sempre no presente pode prejudicar o futuro. Você conhece a historinha do vendedor de cachorro-quente? O sujeito tinha uma banquinha numa praça e vendia cinquenta cachorros-quentes por dia. Aí veio uma crise, muita gente parou de comprar e ele ficava com sobra de pão e de salsichas. Então pensou: os tempos estão difíceis, vou encomendar menos salsichas, menos mostarda. Passou a levar quarenta. E foi, com o tempo, adequando a sua produção à demanda: trinta, depois vinte, dez cachorros-quentes por dia. Até que não valia mais a pena levar o carrinho para a praça.

Pensar no melhor resultado no presente – com pouca sobra de produtos – fez o vendedor se estrepar!

Se ele pensasse apenas no futuro, teria levado cinquenta, sessenta, oitenta, cem cachorros-quentes para vender. Porém, ao ignorar a crise, faliria por causa dos prejuízos no presente.

O certo seria pensar tanto no presente como no futuro. Assumir que vai haver um pouco de sobra e que o lucro vai diminuir, mas é preciso manter sempre mais oferta do que o necessário. Para crescer assim que os ventos soprassem a seu favor.

E se o sujeito fosse de fato realizador, talvez percebesse que sua clientela estava buscando um sanduíche mais natural ou, ao contrário, tinha se sofisticado e queria lanches mais incrementados.

O ponto é que nós agimos como se existisse um cérebro para o presente e um cérebro para o futuro. Isso, porém, não é verdade. É o mesmo cérebro. E nós temos de integrar os dois raciocínios.

Vivi um exemplo desses em 2020, no início da pandemia de covid-19. Foi uma das experiências mais dramáticas da minha vida.

Eu estava na Índia, em uma clínica de medicina Ayurveda, fazendo uma prática de desintoxicação, quando o governo anunciou um isolamento social rigoroso, o tal do *lockdown*, sem prazo para terminar. Ninguém podia sair de casa. Todos os estrangeiros que estavam internados na clínica foram embora. Ficamos eu e duas senhoras que se tratavam de câncer de mama.

Na cidade em que eu estava, Hyderabad, o comércio todo fechou. Até as farmácias e os supermercados. O exército foi para as ruas para garantir o respeito ao *lockdown*. Houve cenas de espancamento de gente que desafiou a ordem de permanecer em casa. Nesse clima, ficamos bem assustados.

Os donos da clínica eram dois irmãos médicos, e eles tinham 47 colaboradores. De uma hora para outra, estávamos com zero. Ninguém para cuidar dos três pacientes. Nós ficávamos cada um em um predinho, não podíamos nem nos visitar. A sensação foi de filme de terror.

No meu predinho, o andar de baixo, o térreo, era um refeitório. Na primeira manhã em que desci lá, vi um monte de baratas. A nossa comida chegava duas vezes por dia. Eles não tinham nada armazenado, estavam dividindo o que tinham com a gente. Ou seja, comia-se pouco no almoço, pouco no jantar e nada no café da manhã. Só para você ter uma ideia, no período em que eu fiquei na Índia, um pouco mais de dois meses, emagreci 17 quilos.

No primeiro andar, havia quartos horrorosos. No segundo andar, os quartos eram razoáveis, dava para dormir, mas a conexão de internet era ruim. O terceiro andar era meio inacessível, era preciso subir por uma escadinha.

Então uma parte do meu cérebro pensou no presente: "Eu preciso dar um jeito de este lugar ficar legal". Lembrei-me de Robinson Crusoé, o náufrago que construiu um lar numa ilha deserta, no livro do escritor Daniel Defoe.

Arrumei o quarto de dormir no segundo andar e dei uma limpeza geral num dos quartos do primeiro andar, onde o wi-fi pegava melhor, para trabalhar. Pedi aos donos da clínica que dedetizassem o refeitório (em vez de baratas vivas, passei a ver baratas mortas). Lavei lençóis, escolhi os melhores travesseiros, coloquei uma cadeira no quarto.

Parecia que eu estava arrumando aquele lugar com a maior dedicação para ficar por lá pelo resto da vida. Não! Eu estava administrando aquilo para o meu presente ser o melhor possível. Na laje, tinha um lugarzinho em que era possível fazer exercícios: subir e descer escadas, praticar alguns movimentos de alongamento e força. Era o que dava.

Depois conseguimos que alguém nos levasse aveia e mamão para comer de manhã. Foi a glória! Era a luta pelo presente.

Mas outra parte do meu cérebro estava dedicada a encontrar um jeito de sair de lá. Chamei meu filhos pelo WhatsApp, eles contactaram o Itamaraty. Um funcionário da embaixada brasileira em Mumbai, que estava me ajudando, recomendou que eu olhasse os voos para outros países. Descobri, por um amigo estadunidense, que os Estados Unidos teriam um voo. Não consegui me encaixar. A Alemanha teve quatro voos, mas saíam de outras cidades, mas, naquela situação de toque de recolher, não consegui transporte.

Até que, finalmente, chegou um voo humanitário brasileiro. Eu só tinha de ir até Mumbai, uma cidade a dezesseis horas de distância de carro. Consegui máscaras, comprei umas bolachas de arroz que foram toda a comida que eu tive durante todo o dia. Mas deu certo. Embarquei no voo cheio de alegria. Depois de duas escalas, consegui voltar ao Brasil.

Quer dizer, uma parte do cérebro tem de pensar: "Como eu faço para essa situação ficar legal?". E outra parte tem de pensar: "Como eu crio o futuro?".

Uma parte mantém você vivo. Outra parte constrói o seu caminho.

Na sua empresa é a mesma coisa: uma parte do seu cérebro vai administrar o fluxo de caixa, a logística e o atendimento; e a outra vai criar a inovação da empresa.

7. ARRANJE UM MENTOR FERA

Existem muitas razões para você procurar um mentor. Um bom mentor é capaz de fornecer informações sobre o que você pretende fazer; ele pode ajudar você a enxergar onde você precisa melhorar; pode estimular e animar você; pode servir como plateia qualificada para avaliar se as suas ideias fazem sentido; pode lhe apresentar pessoas que tenham a ver com o seu projeto. Essas são só algumas das qualidades de um bom mentor.[5]

O conceito de mentor, no mundo moderno, tem crescido desde os anos 1970, quando surgiu como uma ferramenta de desenvolvimento pessoal nas empresas.[6] Mas sua origem é bem mais antiga, vem da *Odisseia*, de Homero, uma obra de quase 3 mil anos.

Na obra *Odisseia*, Mentor é um amigo e conselheiro de Odisseu (também conhecido por seu nome latino Ulisses). Quando termina a guerra de Troia, Odisseu enfrenta a ira do deus dos mares, Poseidon, e demora dez anos para chegar à sua casa, na ilha de Ítaca. Nesse ínterim, vários pretendentes pressionam a mulher de Odisseu, Penélope, para se casar com um deles e entregar-lhe o reino. A deusa da sabedoria, Atena, assume a forma de Mentor e guia Telêmaco no esforço de preservar o reino de seu pai.

De acordo com Gregory Nagy, professor de História Clássica da Universidade Harvard, o termo assumiu o significado de alguém que

Atitudes construtivas

instila a mentalidade heroica em seu protegido. No conselho dos deuses, Atena revela que seu intuito é inspirar "menos" em Telêmaco. Em geral, traduz-se "menos" como força heroica, mas Nagy esclarece que não se trata de qualquer tipo de força, e sim a força mental.[7]

Essa passagem da adolescência para a vida adulta, tão bem capturada no mito milenar, é verdadeira para praticamente qualquer projeto, sobretudo para um projeto transformador.

Infelizmente, muita gente acha que não precisa de mentor. Ou porque acredita que já sabe tudo ou porque considera suas ideias tão originais que ninguém teria como lhe dar orientação ou porque tem dificuldade psíquica de pedir ajuda.

Em qualquer caso, o usual é que essa pessoa vá afundando aos poucos. Imagine que seja um empreendedor montando a sua primeira empresa. Ele acha que fez todas as pesquisas de mercado necessárias, que seu produto é sensacional... mas administrar é um ofício complexo, que tem uma história de centenas de anos. Sempre vai haver alguma coisa que ele nem desconfia que precisa saber.

Então, o primeiro nível de consciência é entender que você precisa de um mentor.

O segundo nível de consciência é entender que não pode ser qualquer mentor, tem de ser um mentor muito fera no assunto. Isso está na Bíblia: "Se um cego conduzir outro cego, ambos cairão no buraco".[8]

Esta é uma lição que eu sempre procurei passar para os meus filhos. Se você quiser aprender algo novo, arrume um mentor. Não importa se é para jogar futevôlei, criar uma empresa ou abraçar uma profissão. Encontre um bom mentor.

* * *

Uma vez que você consiga um grande mentor, não o desperdice. Qual é o erro clássico de quem tem um mentor? Querer elogios. Querer ouvir que se está no caminho certo.

Porém, orientar não é sinônimo de elogiar. É algo muito maior. Há um ditado que fala: "Se você criticar um tolo, vai arrumar um inimigo para o resto da vida; se criticar um sábio, ele lhe será grato para sempre".

Procure ser sábio!

E procure merecer o mentor que você tem. Se ele é fera mesmo, tem uma fila de gente que gostaria de suas orientações. Por isso, é bom você conquistar o seu mentor.

Como se faz isso? Primeira coisa: exceda as expectativas dele. Se alguém de sucesso doa o seu tempo a você, o mínimo a fazer é seguir as suas orientações, de preferência, com afinco e talento. Ele lhe disse para dar uma olhada em um livro? Leia esse e mais alguma coisa que tenha a ver com o assunto. Ele sugeriu uma pesquisa? Faça uma quantitativa e uma qualitativa.

Não é um favor ao seu mentor. É um favor a você mesmo, por intermédio do seu mentor!

08
Turbine as suas competências inovadoras

Finalmente, chegamos ao terceiro componente essencial para você ser uma pessoa realizadora: competências poderosas.

Ter competência, no senso comum, é estar à altura de algum desafio ou tarefa. Um cirurgião competente é aquele que sabe fazer uma cirurgia com excelência. Um coach competente é aquele que ajuda o seu cliente a realizar os seus objetivos.

> **COMPETÊNCIA É A SUA CAPACIDADE DE INTEGRAR CONHECIMENTO, ESTRATÉGIA E AÇÃO PARA ATINGIR UMA META.**

Repare que o primeiro termo é conhecimento. Você tem de conhecer profundamente aquilo que faz. Mas não só o conhecimento para saber fazer, é preciso saber também por que quer fazer. Por que estou fazendo essa campanha de marketing? Por que vou dar essa aula? Por que vou tratar esse paciente?

O processo de aprendizado tem de ser contínuo.

Por quê? Porque ser competente é um estado momentâneo. Ninguém nasce competente e ninguém permanece competente por inércia. Ao contrário, o mais comum é deixarmos de sermos competentes. Ao menos uma vez por ano, ficamos incompetentes. Como isso acontece? A ciência evolui, alguém descobre uma nova maneira de fazer aquela atividade ou, pior, descobrimos que estávamos fazendo do modo errado.

Um grande economista austríaco do começo do século passado, Joseph Schumpeter, deu uma definição que ficou famosa para o processo de transformação da economia: destruição criativa.[1] Quer dizer, o novo destrói o velho, substitui o velho, alcança o sucesso do velho... e se torna velho para ser, em seguida, destruído por algo novo.

Imagine: se há quase um século as pessoas já falavam de destruição, como você vai querer estabilidade em seu conhecimento em um mundo de tanta inovação?

Porque, como já citamos, nossos conhecimentos têm data de validade.[2] Imagine que você gosta de computadores e aprendeu uma linguagem de programação. Cinco anos depois, inventaram outra linguagem e aquela em que você era craque ficou obsoleta! É isso o que acontece em todas as áreas da vida. A nossa linguagem fica obsoleta.

Portanto, competência é um processo dinâmico. Jamais podemos parar de aprimorar as nossas competências. Por isso é tão importante a **flexibilidade cognitiva**,[3] que é a habilidade de se adaptar às demandas do ambiente e adequar o comportamento diante de novas regras, mudar o foco de atenção, considerar diferentes soluções e perspectivas.

Nos anos 1970, o psicólogo estadunidense Noel Burch trabalhava na empresa de treinamentos Gordon Training International e inventou um modelo de aprendizagem de competências que ele chamou de hierarquia da competência,[4] que consiste em quatro fases:

#1 Incompetência inconsciente

Nesse estágio, você não sabe algum assunto e não sabe que não sabe, ou seja, você é um incompetente sem saber que é incompetente.

#2 Incompetência consciente

Nessa fase, você continua incompetente, mas, ao menos, já percebeu que não tem competência e quer mudar essa situação.

#3 Competência consciente

Você buscou informação, treinou, praticou e, aos poucos, se torna competente naquele assunto.

#4 Competência inconsciente

Finalmente, depois de um longo tempo de prática, você internalizou aquela habilidade e agora consegue automaticamente ser competente.

É lógico que isso é provisório, ou seja, daqui a alguns meses vem uma inovação que nos faz incompetentes.

Quer um exemplo simples dessa dinâmica? Dirigir um carro. Primeiro, você nem sabe dirigir. Depois, entende que existe uma técnica para guiar. Aí, com algumas aulas, começa a praticar. Nas primeiras vezes em que sai com o carro, tem de pensar em tudo. Está na hora de mudar de marcha? Tenho de dar seta para a esquerda? Com o tempo, você chega ao estágio em que dirigir é como andar; você atua sem pensar.

A maneira mais prática de perceber que ficou para trás é observar os resultados.

Ascensão significa resultados melhores e decadência significa resultados inferiores.

Digamos que você seja um cantor. Depois de anos de dedicação, treinos, contatos, o seu show de música sertaneja está fazendo sucesso. Você é chamado para grandes eventos, com um cachê alto. Passa um ano, dois, e você percebe que os convites não têm a mesma qualidade de antes. Os seus shows agora estão sendo marcados para palcos menores, mais distantes. O cachê está diminuindo.

Nessa hora, você precisa ter um estalo: "Opa! Fiquei ultrapassado". Pode ser o seu repertório, que ficou velho; o gosto do público mudou; o seu jeito de se apresentar não tem mais novidade. Você está no estágio um: tem algo dando errado e você ainda não sabe o que é.

Qual é a solução? Entrar no círculo da competência de novo: entender o que lhe falta, buscar essas habilidades, fazer com que elas se tornem automáticas e ficar atento para a próxima crise de incompetência.

Os realizadores adoram uma dinâmica de se reinventar. Eles têm facilidade de jogar fora o sucesso do passado para se manter na ativa e passar para o próximo nível.

Avançar significa sempre sair da incompetência atual para uma competência inovadora.

*   *   *

As competências de que você precisa variam muito. De mercado para mercado, de função para função, de pessoa para pessoa. As competências de um vendedor não são necessariamente as mesmas que a de um gerente de vendas. As competências de um excelente cirurgião tampouco são iguais às de uma ótima advogada. E assim por diante.

Porém, existe um grupo de competências comuns a toda trajetória de sucesso. Sem elas, é provável que em algum momento o seu caminho vai travar. Elas são, portanto, essenciais. Vamos falar sobre elas?

1. **Leitura instantânea;**
2. **Capacidade de monetizar;**
3. **Identificar e conseguir os seus cavalos;**
4. **Tornar-se um palestrante poderoso.**

Vamos nos aprofundar em cada uma delas.

1. LEITURA INSTANTÂNEA

Imagine que um grupo de jovens está jogando futebol. De repente, sem mais nem menos, todo mundo passa a pegar a bola com as mãos e fazê-la quicar até acertar uma cesta. Você demora para perceber que as pessoas passaram a jogar basquete. Mal você percebe, elas já mudaram de novo. Agora estão jogando vôlei.

Parece uma situação absurda. Pois é exatamente isso o que vivemos com frequência. A nossa realidade muda de maneira muito rápida e volta e meia nós nos vemos tentando jogar futebol quando o jogo é voleibol.

Para não sair do jogo, para não perder de goleada, você precisa desenvolver um sistema de percepção para mudar o mais rápido possível quando o jogo muda. É isso que eu chamo de leitura instantânea. Você precisa observar e aproveitar as mudanças da sociedade. Em vez de ficar gritando: "Não pode pegar a bola com a mão!", você precisa aprender a dar manchete, cortar e levantar.

As perguntas fundamentais do processo do Schumpeter sobre destruição criativa são:

- **Quem está do lado da criação e da inovação? Quem está jogando o jogo novo;**
- **Quem está sendo destruído? Quem insiste em jogar o jogo antigo.**

As gravadoras de música costumavam vender CDs; o jogo mudou e hoje quem faz sucesso são as empresas de streaming: Spotify, Apple Music, YouTube, Deezer...

Você não pode ficar preso no jogo antigo! Se ficar, se tornará obsoleto, reclamando o tempo todo, assim como os taxistas que reclamam dos motoristas dos aplicativos ou os hotéis que querem conter o Airbnb. "Quem não faz poeira come poeira."

Nós somos do grupo que inova para não ficar para trás.

E como é que você desenvolve uma leitura instantânea? Aqui você já começa a perceber a importância do mentor. Um bom mentor vai sempre provocar para que você observe o mundo em que está, para que você saia da sua concha, se exponha a novas opiniões, a outras experiências.

Perigo! Não fique o tempo todo na frente do computador ou no celular. Cuidado se você se restringe às suas redes sociais.

Os algoritmos dessas redes são feitos para lhe mostrar aquilo de que você já gosta e já sabe. Porque o objetivo deles é fazer com que você fique muito tempo na rede. Então, se você se interessa por filmes de bangue-bangue ou por determinado time de futebol, páginas sobre esses conteúdos serão oferecidas a você. Vão lhe mostrar sempre mais do mesmo e confirmar as suas opiniões, as suas ideias. Hoje, as redes sociais são o maior fator de a pessoa ficar fora das transformações do mundo.

O que você precisa é o oposto: explorar coisas diferentes. Saia da frente do computador e vá conversar com gente diferente para ver as NOVAS REALIDADES.

Não se isole com o seu grupo de amigos. Com o tempo, vocês vão ficando todos parecidos, reclamando das mudanças, falando sobre as mesmas coisas, contando as mesmas piadas, criticando o mundo do mesmo jeito. Você precisa refrescar a sua visão de mundo. Se você tem 50 anos, precisa encontrar um ou dois amigos de 20 e enxergar a vida pelos olhos deles. Se você tem 20 anos, precisa entender como é a experiência de quem tem 50, 60 anos.

Eu vou confiar que você sabe qual jogo está sendo jogado quando você me diz: "Eu estou sempre procurando algo diferente: congressos, livros, viagens para lugares diferentes, conversando com gente com quem eu não conheço".

A leitura instantânea se divide em cinco tipos:

1. A primeira delas é a leitura do mundo

Existe um conceito que foi disseminado pela filosofia alemã no fim do século XVIII: o *zeitgeist*, ou "espírito do tempo". É o clima intelectual, moral, cultural de determinada época. Por exemplo, hoje em dia, nós estamos vendo um renascimento do conservadorismo. Certamente, essa maré vai virar, daqui a alguns anos, para uma nova onda progressista.

É preciso estar atento a esses movimentos, que começam de mansinho e, de repente, alteram grandes conceitos que interferem na nossa vida. Quer um exemplo?

O reconhecimento da qualidade da produção de um país; na década de 1950, todos se iludiram achando que a qualidade dos produtos japoneses ia continuar ruim a vida inteira, depois esse fenômeno se repetiu com a Coreia do Sul.

Hoje, ainda tem gente que fala que a China só sabe fazer produto barato. Não está vendo que eles estão trilhando um gigantesco caminho da sofisticação. A sua tecnologia de robôs, o conhecimento da inteligência artificial e o seu desenvolvimento em inovação são tão grandes que o governo indiano proibiu as suas empresas de aceitarem investimento chinês. Não olhar a China com cuidado é um erro grave.

A mesma coisa vale para os costumes. Basta ver o movimento #MeToo nos Estados Unidos, aqui, no mundo inteiro, para perceber que o assédio, as piadinhas machistas, o preconceito contra as mulheres já não têm vez. A homofobia também é vista como inaceitável. O racismo, idem. Quer dizer, aquelas brincadeiras, que eram comuns havia poucos anos, são vistas agora como demonstração de preconceito, atraso. Ao olhar o mundo, você poderá observar os próprios preconceitos, bloqueios, miopias que atrapalham a sua vida e os seus negócios.

Desprezar o poder das mulheres é desprezar o poder de compra que elas têm e a importância de tê-las nos cargos de direção.

Se você quer saber como andam os costumes, assista a alguns capítulos da novela das 21 horas, porque são escritas com base em pesquisas. Se você se chocar com algum personagem, está na hora de ir para a terapia abrir a sua cabeça.

2. A segunda leitura é a leitura do seu mercado

Nós, do Instituto Gente, vivemos uma situação-chave de leitura de mercado recentemente. Há algum tempo, nós apostávamos em eventos gigantescos e grandes seminários. Modéstia à parte, nossa organização aprendeu a fazer isso muito bem: mexer com as pessoas, criar aquela energia boa, propícia para o encontro e o aprendizado. Até que veio a pandemia de covid-19. E nós estávamos com equipes grandes, preparadas para fazer megaeventos, espaços enormes alugados, com auditório para receber centenas de pessoas.

Fomos pegos no contrapé. A sorte foi que percebemos com rapidez que estava surgindo uma onda de eventos on-line e que as pessoas estavam dispostas a participar pelas telas dos seus computadores ou celulares. Então redirecionamos vários investimentos: aprendemos a usar técnicas de televisão, treinamos o nosso pessoal para outro tipo de apresentação, apostamos em iluminação, recursos audiovisuais.

Veja o exemplo de um amigo meu, dono de uma fábrica de embalagens. Logo no começo de 2020, a crise o pegou de jeito. Com a pandemia, as pessoas pararam de comprar e as empresas cortaram as encomendas de embalagens. Ele estava desesperado. Passou um tempo, eu o encontrei feliz, porque ele percebeu que o mundo estava precisando de proteção contra o coronavírus. Ele adaptou a fábrica para produzir *face shields*, aqueles visores que protegem o rosto. Logo depois, ele ficou eficiente naquilo e ganhou muito dinheiro. Aí, mais para o final do ano, as encomendas de *face shields* caíram. Porém, àquela altura, as encomendas de embalagens estavam começando a voltar e, de novo, fez muito dinheiro.

3. A terceira leitura que você precisa fazer é a do seu grupo

Vou dar de novo um exemplo da pandemia. O seu grupo adorou trabalhar em *home office*. As pessoas se adaptaram, fizeram os seus horários, montaram os seus cantinhos de concentração em casa. Aí você pensa: "Por que alugamos aquele escritório tão grande?". E você entrega o imóvel da sua empresa, vai para um *co-working* e economiza muito dinheiro.

Passa um tempo, você percebe que as pessoas precisam se reunir fisicamente, porque algumas ideias surgem dos encontros casuais. Você sente que a empresa está perdendo o espírito de união, a identidade. Então começa a pensar em uma solução, um pouco mais de *home office*, alguns encontros presenciais e acaba alugando um imóvel menor.

Esse tipo de leitura vale para qualquer grupo, não só no seu trabalho. Vale inclusive para a sua família. Você nota que as conversas na hora do jantar mudaram, que a dinâmica está diferente e começa a se perguntar: "O que podemos fazer para resgatar a nossa união familiar?".

4. A quarta leitura é das pessoas

Você precisa estar atento para cada indivíduo com o qual se relaciona. Isso é uma arte: entender o que move as pessoas, perceber se elas estão bem, se precisam de algo.

Para entender as pessoas, como as pessoas valorizam você, é necessário pensar em três eixos que são a base de qualquer *network*. Quando as pessoas conhecem você, elas sempre pensam em termos de três perguntas:

- o **Essa pessoa é confiável?**
- o **Essa pessoa é competente?**
- o **Essa pessoa pode me ajudar?**

Estamos sempre sendo avaliados com base nessas três questões. São elas que definem a criação de uma parceria, de um negócio, de uma amizade.

Da mesma maneira, é importante que você avalie essas três questões quando conhece alguém.

À medida que a amizade se aprofunda, é fundamental que você responda a duas questões: "Como ajudo essa pessoa a se sentir importante?" e "Como crio um futuro com ela?".

Essas são duas necessidades básicas do ser humano, e quem não se sente importante e não vê uma perspectiva futura tende a se afastar...

5. A quinta leitura é o monitoramento dos fora de série

Como vivemos em um mundo muito volátil, vamos ter pessoas e empresas que sobem e que descem rapidamente. Um dos maiores erros que existem é competir com pessoas e empresas ultrapassadas.

É impressionante a velocidade do mercado em que vivemos. Muitas vezes, eu vejo um dos nossos alunos dos treinamentos começando a sua carreira de palestrante, *influencer* digital ou empresário, e, menos de um ano depois, a pessoa está fazendo um sucesso impressionante.

Eu teria aqui, pelo menos, cem nomes de pessoas que fizeram sucesso na velocidade da luz, apesar de muitas não acreditarem nelas. Infelizmente, o outro lado também é verdadeiro. É impressionante o número de amigos meus, autores, *influencers*, que, em menos de um ano, perdem a total relevância.

É muito útil identificar e avaliar as pessoas muito bem-sucedidas. O que elas estão fazendo? Como estão respondendo às mudanças no mundo? O que pensam? Acompanhar os líderes do nosso mercado, da nossa indústria, faz com que percebamos algumas coisas sobre nós mesmos, sobre como podemos nos encaixar melhor no mundo, no grupo.

Portanto, é preciso que você forme seus julgamentos com base nesses eixos. Sempre lembrando que as pessoas mudam, as situações mudam. O seu sócio, que era meio distante, agora está mais comprometido; aquela sua amiga de longa data agora está pronta para iniciar um romance; uma pessoa que admirava você, de repente, se torna um rival na sua profissão. Você precisa estar sempre com o radar ligado.

Uma última dica para ser fera nessa competência: pare de querer ensinar os outros e tenha uma atitude de aprendizado, ou seja, quando estiver com uma pessoa interessante, faça as perguntas, escute a resposta em silêncio e leve essa ideia a sério.

Somente os batalhadores precisam mostrar que sabem e querem ensinar quem já sabe mais do que elas.

2. CAPACIDADE DE MONETIZAR

Entender como você pode contribuir e o que você pode oferecer ao mundo é o passo mais importante para fazer sucesso. Mas ele tem de ser complementado por outro passo fundamental: estabelecer a maneira pela qual você vai ser remunerado. Receber pelo que você faz é essencial, até mesmo para continuar atuando e ter dinheiro para realizar todos os sonhos materiais.

Você tem de ter a capacidade de monetizar: a habilidade para transformar as suas ações em moeda. Repare: nem sempre essa moeda significa dinheiro na mão. Eu sei que existem outras formas de reconhecimento, mas você tem de saber converter o seu trabalho em riqueza monetária.

Gente do bem merece ganhar muito bem.

Gente do bem merece ter dinheiro para pagar o seu estilo de vida, colocar os filhos em escolas do primeiro time, ajudar as pessoas ao seu redor, investir nos seus estudos, estar atualizado e tudo o que a sua mente quiser.

Existem três caminhos para ficar rico:

1. **Ajudar as pessoas a ficar ricas;**
2. **Ajudar as pessoas a resolver os seus problemas;**
3. **Ajudar as pessoas a ter autoconfiança (e tornar-se capaz de ganhar dinheiro).**

O primeiro CAMINHO para ficar rico é ajudar as pessoas a ficar ricas.

Um dos meus focos nos meus treinamentos é ajudar o aluno a ganhar dinheiro. Alunos ricos ficam felizes, querem continuar a estudar comigo e motivam os seus amigos a estudar também.

Se você é contador, médico, advogado, enfermeiro, coach, líder de marketing multinível ou qualquer outro profissional, tem de ajudar os seus clientes a ter condições de viver a vida dos seus sonhos.

Trabalhe com duas perguntas em mente:

1. Eu estou ajudando os meus clientes a ficar ricos?
2. Como eu posso ajudá-los a ganhar mais dinheiro?

O segundo caminho é ajudar as pessoas a resolver os seus problemas.

O importante não é o seu diploma de médico, não é o advogado atender o cliente, não é o nutricionista receitar uma dieta. O importante é se o paciente vai se curar, se o cliente vai ganhar a sua causa na Justiça, se a pessoa vai conseguir emagrecer. O importante é dar resultado.

Se você não está ganhando o que quer, isso significa que você não está ajudando as pessoas como elas precisam. Muitos profissionais da saúde dizem que o paciente não é leal, mas o que eu tenho visto é médico que pensa que o compromisso com o paciente termina quando ele sai do consultório. Quantos de vocês ligam para o paciente para saber se ele melhorou?

Se você não quer saber a evolução do seu paciente, você o abandonou na porta do seu consultório.

A função do médico não é simplesmente prescrever a medicação, e sim fazer o paciente se curar ou, no mínimo, melhorar.

Por isso, é importante que você separe um tempo na sua agenda para acompanhar a evolução do seu paciente ou do seu cliente. Se você cuida dele com eficácia, ele terá prazer em voltar e falar bem do seu trabalho.

O terceiro caminho para ficar rico é ajudar as pessoas a ter autoconfiança.

Se você é um vendedor, você verá que os compradores inseguros não compram porque não têm a confiança de que vão vender. Se você é um diretor, vai observar que a performance do seu time precisa ser turbinada para que eles joguem fora a insegurança. Muitas vezes, você

O IMPORTANTE NÃO É O SEU DIPLOMA DE MÉDICO, NÃO É O ADVOGADO ATENDER O CLIENTE, NÃO É O NUTRICIONISTA RECEITAR UMA DIETA. O IMPORTANTE É SE O PACIENTE VAI SE CURAR, SE O CLIENTE VAI GANHAR A SUA CAUSA NA JUSTIÇA, SE A PESSOA VAI CONSEGUIR EMAGRECER. O IMPORTANTE É DAR RESULTADO.

vai precisar desenvolver a autoconfiança do seu chefe porque ele está paralisado de medo.

Pessoas com autoconfiança ganham mais dinheiro e têm o prazer de remunerar quem as ajudou a confiar EM SI MESMAS.

3. IDENTIFICAR E CONSEGUIR OS SEUS "CAVALOS"

Em 1990, dois especialistas em marketing, os estadunidenses Al Ries e Jack Trout, lançaram o livro *Horse sense: encontre o cavalo certo para montar.*[5] O conceito principal do livro é que o sucesso depende da sua competência e de conseguir pessoas que o ajudem a chegar aonde você quer.

Como você pode ver, esse é um livro do tempo das grandes corridas de cavalo. E o conceito-chave é de que, para ter muito sucesso, você precisa ser um grande jóquei e conseguir montar os grandes cavalos.

Se você observar os últimos grandes pilotos de Fórmula 1, vai perceber que eles ganharam os seus títulos com as suas competências como piloto, mas foram campeões porque tiveram a oportunidade de pilotar grandes automóveis.

Um grande piloto de Fórmula 1 precisa ter um carro fenomenal para ser campeão. Um jóquei fantástico precisa ter um cavalo extraordinário. Muita gente imagina que basta ser competente para que o cavalo certo apareça. Não é verdade. Ter a habilidade de conquistar os seus cavalos leva uma vantagem absurda.

Seja na empresa em que você trabalha, seja na política, seja em qualquer ramo de atividade, um bom cavalo vai ser um patrocinador, vai fazer campanha para você, vai lhe dar oportunidades de mostrar serviço, exibir atalhos de aprendizado e apresentar pessoas que podem ajudá-lo.

O cavalo tem algo a ver com o mentor, mas não é o mentor. É alguém que tem condições muito específicas naquele momento de levar você até algum lugar. Em geral, na empresa o cavalo vai ser o seu chefe ou um colega mais bem posicionado.

Quando eu defino uma meta revolucionária na minha vida, eu penso em duas questões:

- o **Qual é a competência que eu preciso desenvolver?**
- o **Quem vai me levar até esse lugar?**

Alguns anos atrás, eu resolvi entrar no universo das startups, as empresas promissoras. Ora, onde é que fica o melhor lugar para aprender sobre startups? No Vale do Silício, na Califórnia. Lá fui eu para os Estados Unidos. E quem iam ser os meus cavalos? Consegui dois: Marco Mastroeni, diretor do Banco do Brasil, que me permitiu conhecer o centro avançado do banco no Vale do Silício; e o Mauricio Benvenutti, sócio da StartSe, uma referência brasileira em inovação.

Se eu tivesse ido para lá sem a ajuda dos meus cavalos, provavelmente visitaria o Facebook pelo lado de fora, faria um tour pelo Google, tomaria algumas notas. E só. Com eles, conheci muita gente, estive em reuniões, conversei com diretores de grandes empresas de fundos de investimento. Graças a isso eu pude aprender como o sistema funciona e investir em algumas empresas muito promissoras.

Então, digamos que você resolveu ser um cantor ou uma cantora. É crucial estudar, treinar com ótimos professores. É fundamental ter um mentor que possa orientar você, dar retorno sobre o seu progresso, incentivar a sua carreira. E é essencial descobrir quem são os cavalos, em cada momento específico, para você chegar a cada meta. Pode ser um cavalo para lhe apresentar um bom mentor; um cavalo que o ajude a fazer o teste para um elenco de um show; um cavalo que o ajude a ser aceito numa escola de primeira linha.

É claro que os bons cavalos não estão parados, com a sela arrumada e uma pessoa segurando as rédeas, esperando você decidir montá-lo. Ao contrário. Os melhores cavalos estão prontos para jogar você fora da sela, a qualquer deslize. Não é qualquer piloto que vai conseguir pilotar uma

Ferrari, uma Mercedes, uma McLaren. Tem de ser um piloto fenomenal. E, se não responder direito ao carro, não vai durar muito no posto.

Por isso, você tem de estar preparado para tratar o seu cavalo muito bem. Você tem de estar preparado para o cavalo. Digamos que você conseguiu uma audiência com um diretor importante de uma empresa com a qual você quer fazer negócios ou pela qual quer ser contratado. Você tem de chegar preparado, sabendo tudo sobre a companhia, sobre o mercado, sobre os produtos que eles estão fazendo.

Este é o ponto-chave: o seu cavalo está louco para achar um bom jóquei. As escuderias de Fórmula 1 disputam de forma acirrada os melhores pilotos, mas jogam fora rapidamente quem não aproveita a oportunidade.

4. TORNAR-SE UM PALESTRANTE PODEROSO

A última das nossas competências fundamentais é ser um palestrante poderoso. Não, você não precisa ser uma estrela que dê palestras para dezenas de milhares de pessoas, mas você precisa ser uma estrela quando falar para o seu público para conseguir tocar o coração de quem estiver conversando com você: seja em uma apresentação de um negócio, seja em uma consulta ou mesmo na sua vida afetiva.

Você vai pedir uma moça em casamento? Aquela fala é uma palestra e tem de ser poderosa. Você tem de ser capaz de fazer com que a sua namorada vislumbre um futuro sensacional junto a você, tem de saber apresentar os projetos que planeja para vocês. Tem de transmitir segurança no seu desejo. Tem de mostrar que você é um sujeito para toda a vida.

Você está propondo uma venda para alguém? Tem de fazer uma apresentação maravilhosa, convincente. Está pedindo emprego? A mesma coisa. Você quer convencer alguém a ser o seu cavalo? Idem.

Imagine que você está contratando um advogado, e ele é meio enrolado. Imediatamente, você pensa: "É assim que ele vai defender a minha causa perante o juiz?". No mundo das startups, um termo famoso é o *elevator pitch* (discurso de elevador). A ideia é que um empreendedor tem poucos minutos – o tempo de uma viagem de elevador – para convencer o investidor de que a ideia dele é fantástica.[6]

A pessoa insegura quando fala passa uma mensagem de insegurança. Ninguém imagina que um cirurgião plástico inseguro para explicar o procedimento vai ser seguro na hora da cirurgia.

Não adianta o seu produto ser maravilhoso, o seu projeto ser fantástico, se você não souber fazer uma apresentação poderosa.

Então, é claro que a sua apresentação tem de ter substância, tem de ser verdadeira e tem de ser cativante. Como se faz isso?

A primeira providência é organizar um roteiro. No livro *Os segredos das apresentações poderosas*,[7] eu chamo isso de estrutura das mensagens. O seu roteiro tem de ter começo, meio e fim. Você precisa saber exatamente o que vai falar. Não pode improvisar.

Improvisar é coisa de amador. Você gostaria de viajar num avião em que o piloto gosta de improvisar? Você quer um neurocirurgião que viva improvisando? Então não seja um apresentador de improviso. Noventa por cento das suas apresentações serão sempre as mesmas. É o arquiteto que faz a apresentação do projeto para o cliente, o empresário que apresenta o seu negócio e o psicólogo que mostra ao paciente como funciona o seu processo de cura.

Já que você vai passar a vida inteira fazendo a mesma palestra, construa o roteiro com muito carinho e treine muito até ficar ótima.

Muita gente tem medo de falar em público e a causa é a falta de treino. Se o ator não ensaiar e preparar a sua apresentação, ele vai ficar inseguro. Se o músico não preparar a sua apresentação, ele vai se sentir inseguro. Então o que eles fazem para se sentirem seguros? A mesma coisa que você vai fazer para ser um palestrante poderoso: preparar o roteiro e treinar.

E como você treina essa performance? De três maneiras:

1. **Primeira, você vai treinar no espelho. Pegue um microfone ou uma garrafa de água que faça as vezes de microfone. Na primeira vez que eu treinei para uma apresentação, há quatro**

décadas, eu usei uma caixinha de analgésicos num quarto de hotel. De frente para o espelho. Treine, treine, treine. Até a sua imagem aplaudir você;

2. A segunda maneira é gravar a sua palestra no celular, assistir e aprimorar a sua apresentação. Seja bastante crítico, observe onde você tremeu e se o exemplo não foi muito bom ou a piada não funcionou. Grave de novo, assista novamente até ficar perfeita;

3. Convidar amigos, mulher, marido, família, irmãos, formar uma plateia que goste de você. Apresente a sua palestra para eles e peça opiniões. Pergunte o que funcionou, o que não funcionou, peça sugestões de como melhorar.

Muita gente acha que não tem talento para falar em público. Isso não existe. O que existe é gente mal preparada. Se você treinou o seu discurso, se ele está redondo, vai sair perfeito.

Essas competências fundamentais são as únicas? Não. São suficientes? Também não. Mas elas são a base para você ir atrás das outras. A luta pela competência é eterna.

Então encare essas quatro competências fundamentais como o início do processo, e não o final. Elas levarão você a outras que são importantíssimas: tomar decisões; gerir o seu negócio; ter inteligência emocional; ter inteligência social. A lista não acaba nunca. Mas eu garanto: com essas quatro, você está bem encaminhado para conseguir todas as outras de que precisa.

NÃO ADIANTA O SEU PRODUTO SER MARAVILHOSO, O SEU PROJETO SER FANTÁSTICO, SE VOCÊ NÃO SOUBER FAZER UMA APRESENTAÇÃO PODEROSA.

09
Ir para o próximo nível significa realizar metas

Talvez, nesse momento, você esteja me perguntando: "Roberto, você tem razão, se eu realizar os meus projetos, vou poder ter um estilo de vida muito melhor. Mas qual é o primeiro passo para ir para o próximo nível?".

O primeiro passo é acreditar que você merece ter o que eu chamo de "uma vida mais". Uma vida com mais alegria de viver, mais amor, mais realizações, mais riquezas, mais paz de espírito.

O processo educativo da maioria das pessoas foi realizado com base em frases restritivas como: "Isso não é para você", "Quem tudo quer nada tem", "Olha o que aconteceu com fulano que era muito ambicioso". E, nessa catequização, muitas pessoas vivem hipnotizadas com a crença de que o que conseguiram já está bom para elas.

Então vamos desmanchar essa crença de "já está bom" e colocar a mensagem de "eu mereço realizar todos os sonhos que eu quiser".

Deixe este livro de lado por alguns minutos, vá até o espelho e repita algumas vezes a frase: "Eu mereço realizar todos os sonhos que eu quiser".

Hipnotize a si mesmo com essa mensagem: faça cartazes e espalhe pela casa, escreva na tela do seu computador e no celular, envie essa mensagem para os seus amigos todas as semanas, poste nas suas redes sociais.

Faça uma limpeza no seu cérebro das mensagens negativas e coloque o pensamento de realização.

Aponte a câmera de seu celular para o QR Code acima ou acesse www.desistirnempensar.com.br

No site **www.desistirnempensar.com.br** há várias viagens mentais para você expandir a sua mente e acreditar que você merece ter o estilo de vida dos seus sonhos.

Agora que você já está trabalhando para acreditar que merece realizar as metas que quiser, é importante ter consciência de que você é o responsável pela sua vida.

Se você está lendo este livro, eu posso afirmar com tranquilidade: "Não existe injustiça existencial. Você está onde você se colocou".

Você pode ter tido um pai que abandonou você, mas, se você se trabalhar, pode deixar essa dor para trás e aprender a cuidar bem de si.

Você pode ter tido dificuldades para estudar na sua infância, mas, se você quiser, pode fazer cursos nas melhores universidades do mundo de graça e desenvolver todas as competências que quiser.

Se você quer ir para o *next level*, é fundamental assumir a responsabilidade pela sua existência, tomar as rédeas da sua vida, encarar os obstáculos e realizar as suas metas.

Você pode dizer que existem circunstâncias que dificultam a realização de determinadas ações. Claro que existem! Só que os realizadores não ficam paralisados quando encontram os obstáculos. Eles investem a sua energia criando estratégias para superá-los. Eles não pensam "Ah, que pena que aquela pessoa não gosta de mim", e sim "O que eu preciso fazer para que ela perceba que eu sou o amor da vida dela?". Ou "Como eu vou convencer esse cliente a comprar o meu produto?" ou "Como eu faço para esse entrevistador perceber que precisa me contratar para esse emprego?".

Certamente, você não tem controle sobre tudo o que acontece na sua vida. Mas você tem controle de como você se prepara, planeja e age, quando for algo para você.

SE VOCÊ QUER IR PARA O *NEXT LEVEL*, É FUNDAMENTAL ASSUMIR A RESPONSABILIDADE PELA SUA EXISTÊNCIA, TOMAR AS RÉDEAS DA SUA VIDA, ENCARAR OS OBSTÁCULOS E REALIZAR AS SUAS METAS.

Como disse o filósofo grego Epíteto, um dos mestres da filosofia do estoicismo, "O que importa não é o que acontece, mas como você reage ao que acontece".

Você tem de assumir esta verdade: para realizar uma conquista, você precisa de preparação, planejamento, implementação, buscar apoios... Quanto mais importante a conquista, mais recursos você precisa criar. Por isso, você tem de saber escolher quais são as metas fundamentais na sua vida.

Para transformar 100% dos seus esforços em resultados, eleja as batalhas que vai travar, as conquistas que quer fazer. Tenha foco! Não pense que tudo é importante. "Roberto, mas você não disse que eu posso realizar todos os sonhos que eu quiser?" Sim, pode, mas não ao mesmo tempo. Por exemplo, se você está criando a sua startup, é melhor deixar o projeto de conhecer cinquenta países para daqui a três anos.

"Roberto, e a qual batalha eu dou prioridade?"

É aí que entram as metas.

Talvez você esteja cansado de falar de metas, mas esse tema é fundamental porque são os seus objetivos que vão mostrar se você está avançando ou está atolado na vida. Um cérebro sem metas é como um taxista sem destino, ele vai dar voltas, gastar combustível e no final não vai chegar a lugar nenhum.

Se você não der um endereço para o seu cérebro, ele vai ficar desperdiçando energia; e, quando você chegar ao fim da vida, pode ser que descubra que jogou fora os presentes que recebeu de Deus.

META É SONHO COM HORA MARCADA

Quando falamos em estabelecer metas, não estamos simplesmente falando em ter um desejo, sonhar com alguma coisa bacana, e sim avançar até atingir esse objetivo.

Os seus objetivos devem ser grandes. E é bom que sejam.

Ficou famosa a frase do bilionário Jorge Paulo Lemann, um dos fundadores da Ambev: "Sonhar grande dá o mesmo trabalho que sonhar pequeno". Então é melhor sonhar grande.[1]

Só que, quanto maior o sonho, maior a necessidade de planejamento para atingi-lo. Mais organização, disciplina, determinação e estratégia são fundamentais.

É como o caso da Amazon, para citar outro exemplo de empresa. Seu fundador, Jeff Bezos, já tinha desde o início a noção de que queria construir a maior companhia de varejo do mundo. Mas ele começou vendendo apenas livros. Quando a Amazon ficou estruturada, ele passou a vender tudo, permitindo que outras empresas usassem sua plataforma on-line (e cobrando uma taxa por isso).[2] Ou seja, meta é diferente de sonho. Meta é sonho com hora marcada para acontecer.

Agora, por favor, leia este capítulo até o fim. Muita gente ensina metas, mas a maioria absoluta das pessoas não consegue realizá-las, porque não compreendeu a dinâmica de realização das metas. Se você tiver paciência de ler até o final, vai poder desvendar esse mecanismo.

A IMPORTÂNCIA DE REALIZAR SUA META

Infelizmente, a maioria das pessoas não sabe como definir as suas metas, e o preço disso é que elas ficam esquecidas, assim como as metas de final de ano que já ficaram no passado em menos de um mês depois de serem determinadas.

Quando você estiver com vontade de começar um novo projeto, segure a impulsividade, responda a essas próximas questões e, principalmente, converse com um amigo sobre as suas respostas, para construir essa meta com solidez.

Lembre-se de que cada meta abandonada no meio do caminho destrói a sua credibilidade com a sua equipe de trabalho, a sua companheira e, pior ainda, destrói a confiança dos seus filhos na sua palavra.

Um pai que não cumpre a promessa de ir buscar os filhos para passear no fim de semana, nos primeiros meses, gera dor; depois de alguns meses, gera raiva por não manter a palavra; e, depois de um tempo, esse filho pode desprezar o pai cada vez que ouve uma promessa dele.

Um chefe que não cumpre as promessas feitas para a equipe, no começo, gera raiva, mas, depois de um tempo, vai ser abandonado pelos profissionais competentes que detestam trabalhar em uma empresa com uma liderança fraca, e ele ficará com as pessoas que também não cumprem as suas promessas.

O pior de tudo é que, quando você não cumpre uma promessa, vai começar a não acreditar em si mesmo.

Quando uma pessoa determina uma meta, toda sua fisiologia se transforma para realizar esse objetivo.

Os seus neurotransmissores, hormônios, cérebro, nervos, membros, músculos se colocam em estado de alerta e se preparam para a ação.

Imagine a fisiologia de um cirurgião quando se prepara para operar uma pessoa que foi baleada. Quando ele valoriza o seu trabalho, a sua fisiologia está totalmente focada no seu objetivo de salvar essa vida; por isso, depois da cirurgia, ele vai ter dificuldade de se desligar.

Quando a pessoa não respeita a sua promessa, a sua tendência será viver em um estado de desatenção.

O seu corpo reage como o seu filho, com respeito à sua palavra dada. Ele fica preparado para a ação, se sabe que você vai agir, ou seu corpo tende a desprezar a sua palavra depois de um tempo escutando promessas não cumpridas.

Resumindo, desistir não pode ser uma opção. Realizar um sonho geralmente vai significar muita gente fechando as portas, a concorrência conquistando clientes, muitas pessoas falando não e você criando o projeto no seu coração para destruir os seus obstáculos.

Eu me lembro com uma mistura de tristeza e alegria de tantos médicos e fisioterapeutas que disseram que o tratamento do Leandro não daria certo. Quando eu me sentia fraco, eu acreditava no prognóstico deles, mas logo depois eu dizia para mim: "Vou fazê-los engolir essa previsão, pois ser humano não é programa de computador com tempo limite". A cada visita eu fui ficando mais forte.

Isso vale para você: a cada vitória, você vai ficar mais forte e capaz de fazer um "Não" virar um "Sim".

Eu gosto muito de uma frase da atriz Angelina Jolie: "A cada porta que se fechou, eu fui lá e comprei a casa".

COMO DEFINIR UMA META

Agora que você decidiu respeitar a sua meta, vamos trabalhar na construção da solidez desse objetivo. Quando você decidir começar um projeto, responda a estas quatro perguntas:

1. Qual é a minha meta?

É importantíssimo responder a essa pergunta para que você direcione o seu cérebro a pensar em relação à meta, para que você não se perca e não se distraia durante o processo.

Para defini-la, é importante que a sua meta seja o mais objetiva possível!

Vamos dar alguns exemplos de meta:

- **Vou escrever meu livro novo e lançá-lo pela Editora Gente;**
- **Vou participar da Corrida de São Silvestre;**
- **Vou ser promovido a gestor;**
- **Vou abrir uma nova filial da minha empresa;**
- **Vou passar as férias com a minha família na Disney;**
- **Vou quitar o meu apartamento.**

2. Qual é a razão para eu querer realizar a minha meta?

Como diz o consultor estadunidense Simon Sinek, tudo começa com um porquê, ou seja, tudo começa com um propósito. As metas cujo propósito faz sentido para você costumam ter muito mais força e gerar mais motivação para enfrentar os desafios que surgem no caminho. E, acredite, eles são muitos e funcionam como fantasmas que procuram nos demover de realizar as nossas metas. Aí então, a força do propósito, o que realmente faz sentido para você, o seu porquê vai dar sustentação e permitir que você siga em frente!

Muitas pessoas desistem porque não têm a consciência do poder de transformação que o sucesso tem na sua vida.

Tomando os exemplos de meta acima, vamos exemplificar possíveis razões para cada um:

- **A razão de eu querer escrever o meu novo livro é que ele vai ajudar as pessoas a seguir para o próximo nível e, assim, a conseguir ter uma vida melhor;**
- **Vou correr a São Silvestre, porque assim estarei com mais saúde, disposição e bem-estar para tocar a minha vida;**
- **Vou ser promovido a gestor, porque assim crescerei na empresa e terei um aumento de salário, o que vai me possibilitar realizar mais coisas na minha vida;**
- **Vou abrir uma nova filial da minha empresa, porque gerarei mais empregos e melhorarei a região onde será a nova filial;**
- **Vou passar as férias com a minha família na Disney, porque é um sonho nosso e adoramos todos os personagens;**
- **Vou quitar o meu apartamento, pois sempre quis ser dona da minha própria casa.**

3. Como eu vou realizar a minha meta?

Aqui entra a parte mais específica da sua meta: o que você vai fazer para realizá-la.

É justamente o planejamento – nele você vai saber quais são as necessidades, ou seja, os materiais de que vai precisar, o conhecimento que vai precisar adquirir para alcançá-la, as condições que precisa ter, a forma como vai transformar tudo isso e as entregas parciais que terá.

Chamamos isso de "fatiar" a meta, o que é fundamental para que ela seja realizada. Cada "fatia" da sua meta funciona como uma meta parcial que compõe o todo.

Usando os exemplos anteriores, podemos dizer:

- Para o livro, é preciso ter muito conteúdo, assinar um contrato, definir o tema, entregar cada capítulo planejado;
- Para correr a São Silvestre, é preciso fazer um check-up médico, iniciar um treino, melhorar a alimentação e concluir corridas cada vez maiores;
- Para ser promovido a gestor, é preciso realizar um bom trabalho onde está, entender as metas da empresa e trabalhar por elas, trabalhar muito para ajudar cada vez mais o seu gestor;
- Para abrir uma nova filial, é preciso ter um espaço, dispor de uma nova equipe, treinar as pessoas e implementar os processos que já existem nas outras;
- Para passar as férias com a família na Disney, é preciso tirar os passaportes, os vistos, comprar o pacote de viagem, dispor de cartões de crédito com limites, de dinheiro em caixa e casar as férias de todos;
- Para quitar o meu apartamento, é preciso economizar mais dinheiro, aumentar a minha renda, negociar com o banco para adiantar as parcelas do financiamento.

4. Quando vou realizar a minha meta?

Para tudo o que queremos realmente realizar, é fundamental estabelecer um prazo. Ele nos ajuda a alinhar os esforços na direção correta e a não cairmos nas armadilhas do perfeccionismo ou da procrastinação, dois dos inimigos mais comuns quando falamos de realização de metas.

Vamos ver alguns exemplos de prazos repetindo as situações anteriores:

- O livro será publicado em 30 de novembro;
- Vou correr a São Silvestre todos os anos, começando por este;
- Vou ser promovido no próximo semestre;
- Vamos abrir uma nova filial em dezoito meses;
- Vamos para a Disney nas férias de julho do próximo ano;
- Vou quitar o meu apartamento em cinco anos.

Quer mais um exemplo?

Vamos imaginar que você é um vendedor de carros e o seu gerente pediu que você definisse a sua meta de vendas para este mês.

Primeira pergunta: Qual é a sua meta?

Você avalia as propostas de vendas que fez, os fechamentos, o novo modelo que chegou, a campanha que a empresa está fazendo e define que vai vender vinte carros neste mês.

Segunda pergunta: Qual é a razão para você determinar essa meta?

Você quer colocar o seu filho em uma escola melhor e precisa ganhar mais. A meta de vender vinte carros em um mês é ousada, mas dar uma energia extra pelo futuro do seu filho aumenta muito a sua motivação. Ah, e tem outra razão: você quer continuar sendo o melhor vendedor da empresa. Ótimo!

Terceira questão: Como vai realizar essa meta?

Você vai fazer duzentas ligações oferecendo uma promoção para clientes que já compraram carro nos anos anteriores e fazer duzentas ligações para clientes interessados que não fecharam o negócio. Você vai enviar flores para os cem clientes que compraram nos últimos seis meses, com os quais você criou um vínculo forte, para eles terem uma história para contar aos amigos sobre o seu trabalho.

Quarta questão: Quando?

Neste mês, começando hoje até o último dia do mês.

Não pense que estou escrevendo um livro sobre vendas de automóveis, mas estou, simplesmente, ensinando um método de definir e realizar metas!

Vamos dividir as metas em metas de resultado e metas de ação.

A meta de resultado está relacionada ao que você quer atingir (o todo), e a meta de ação, ao que você vai fazer para conseguir!

Voltamos ao exemplo do vendedor de carros. Se ele quiser vender vinte carros no mês, ele vai ter de vender basicamente um carro por dia e, para isso, vai ter de oferecer (ação) carros para dez potenciais compradores.

Quando a pessoa não tem consciência de que a realização de uma meta depende da definição de ações claras, o fracasso fica quase inevitável.

Quando você determinar uma meta, escreva-a no seu celular, notebook, espelho da casa, geladeira... Repita para você pelo menos três vezes ao dia: "Eu realizo..." e complete a frase com a sua meta.

Faça uma viagem mental, de olhos fechados, olhando para o seu lado direito no alto, visualizando a mudança na sua vida após realizar a sua meta. E, o mais importante, faça todos os dias pelo menos uma ação que vai aproximar você da realização dessa meta.

Uma meta inspiradora é aquela que faz você estudar e treinar cada vez que escuta um não. Eu falava com atletas profissionais que ficavam magoados por irem para o banco de reservas: preste atenção, existem dois tipos de pessoa na reserva: os atletas mimados que reclamam e ficam desmotivados e os realizadores que estudam, treinam e se colocam em um estado de alta performance.

CUIDE COM CARINHO DE REALIZAR AS SUAS METAS

Algumas pessoas podem pensar que viver com metas é pressão demais. Porém, na verdade, é o oposto. As metas energizam, dão sentido à vida, fornecem uma sensação de progresso. Quando são bem estipuladas, levam ao crescimento. Mas para isso elas têm de ser verdadeiras. Têm de ser as metas que realmente importam para você.

> **AS MELHORES METAS SÃO AQUELAS QUE FAZEM VOCÊ EVOLUIR COMO PESSOA E AO MESMO TEMPO DESAFIAM: PARA CHEGAR LÁ, VOCÊ VAI TER DE SE TRANSFORMAR.**

Para quem quer evoluir, o campeonato nunca acaba. Podemos perder uma ou outra partida, mas vamos vencer o campeonato.

O megaempresário britânico Richard Branson já realizou um monte de coisas na vida. Ele tem mais de quatrocentas companhias em áreas diferentes, como transporte, mídia, saúde, hotéis e drones. Durante uma palestra, alguém perguntou a ele: "Você ainda tem algum sonho por realizar?". Sim, ele tem. "Quero criar um hotel no espaço para as pessoas darem uma volta na Lua", disse.[3] É um sonho e tanto. Ou melhor, é uma meta e tanto. Porque ele está trabalhando para chegar lá. Ele fundou a empresa Virgin Galactic para fazer voos espaciais turísticos – que já estão na fase dos testes tripulados!

Aliás, parece que existe uma febre de bilionários que querem ir para o espaço. Jeff Bezos, da Amazon, tem uma empresa para realizar voos espaciais; o Elon Musk, fundador da Tesla – empresa que produz carros elétricos –, tem outra. O que isso nos diz? Se você achar que já cumpriu todas as metas que interessavam neste mundo, procure outro mundo!

UM SEGREDO DA REALIZAÇÃO DAS METAS

Basicamente, existem três tipos de meta: as metas de conquista, as metas de essência e as metas de transformação.

Bater o recorde de vendas do mês é, em geral, uma meta de conquista. Perder 15 quilos em seis meses é outra meta de conquista. É preciso tomar certo cuidado com as suas metas de conquista, porque elas podem vir do ego, em vez de vir da sua essência.

As metas do ego estão relacionadas com a aparência: talvez o carrão não seja um desejo genuíno, e sim advindo de inveja do carro do vizinho ou de uma vontade de ter status. Quando a meta vem do ego, ela costuma não trazer satisfação: a pessoa fica mais rica e se torna mais mesquinha. Ela se instrui, mas não fica mais sábia.

Já as metas da essência vêm direto da alma. É aquilo que realmente terá impacto na sua vida. Quando você atinge uma meta dessas, a satisfação é incomparável e dura muito mais. Pode ser o mesmo carro bacana. Se aquilo era um desejo genuíno, cada vez que você entrar no carro vai sentir um gostinho de vitória. Se a sua conquista é conseguir pagar um colégio melhor para o seu filho, vai ter satisfação a cada boletim, depois quando ele passar para uma faculdade, quando tiver um emprego melhor.

A meta de transformação é algo um pouco diferente. É aquilo em que você se transforma para atingir a meta de conquista. Você estudou o mercado em que atua e descobriu uma nova maneira de abordar os clientes? Então você não apenas atingiu a sua meta de conquista, você se transformou num profissional melhor – e isso é que o levou a bater a meta de vendas.

Quando eu me tornei palestrante, tinha uma meta de conquista: ter mais sucesso financeiro para arcar com os tratamentos do meu filho Leandro. Mas o mais importante foi a transformação que eu vivi nas minhas competências para realizar essa meta. Eu era um terapeuta, acostumado às conversas com uma pessoa de cada vez. No máximo, pequenos grupos. Eu era introvertido, tímido que tinha medo de falar em público; e o trabalho que eu fiz para me desinibir, aprender os segredos de tocar o coração de milhares de pessoas, foi como se eu me tornasse um novo profissional.

Quando os meus colegas da faculdade de Medicina me veem no palco, lembram-se de como eu era um aluno quieto, tímido. Nem paquerar direito eu sabia. E agora, no palco, eu me tornei o centro das atenções. Que trabalho que isso deu! Tive de me transformar. Não foi só isso: precisei aprender a organizar a estrutura de uma palestra, o roteiro do que eu ia falar, me preparar para dar um show no palco.

Quase sempre a meta de transformação leva a pessoa a bater várias metas de conquista. Em linhas gerais, uma meta poderosa tem três características:

1. **Você evolui quando realiza a sua meta;**
2. **Você se revela como ser humano;**
3. **Você expande os seus limites.**

Você não realiza uma meta importante se não evoluir como pessoa e profissional.

O tamanho do seu resultado atual é proporcional à sua competência atual. Se você quer um resultado melhor, vai ter de se tornar mais competente.

Se você é um arquiteto que consegue somente ser contratado para pequenas reformas de casa, vai ter de assumir metas de transformação pessoal e profissional, ou seja, evoluir muito para ser contratado para grandes projetos.

Uma das conquistas mais lindas no processo de avançar para o *next level* é na pessoa que você se torna quando aumenta o tamanho das suas metas.

E, finalmente, vale a pena lembrá-lo de ter metas nas três áreas básicas da vida: a profissional, a afetiva e a transcendental. Muitas pessoas só tocam em uma área e acabam ficando muito limitadas; parece que o sucesso acaba trazendo mais tristezas do que alegrias.

Há pessoas que só querem saber de trabalho e depois de um tempo percebem que ficaram solitárias, frequentemente doentes e depressivas. Só trabalham pensando em ganhar mais dinheiro e perderam a alegria de viver.

Outras pessoas só pensaram na família, não desenvolveram autonomia, ficaram focadas na educação dos filhos e nos problemas da casa; quando se dão conta, estão sozinhas porque não acompanharam a evolução do cônjuge, dos filhos e do mundo. Geralmente se tornam pessoas amarguradas e críticas e se sentem enganadas pela vida.

Finalmente, há pessoas que não desenvolvem a sua espiritualidade. Tudo nas suas conquistas tem um foco material, essas pessoas têm orgulho de ser objetivas e, por isso, perdem o lado transcendental da existência.

Não estou falando de ter uma religião e temer o Deus específico, porque essa é uma escolha individual da pessoa, mas de contar com a riqueza da sua alma, ter a percepção de algo mais que realiza a sua existência. Quando uma pessoa vive a vida sem se conectar com o divino, muitas vezes ela se torna uma pessoa fria e incapaz de celebrar a riqueza da sua vida.

Por isso, eu quero convidar você a sempre ter as metas nessas três áreas da vida.

No campo profissional, as metas vão ajudar você a desenvolver habilidades que favoreçam a sua autonomia, que elevem a sua condição financeira, que facilitem a sua independência. Além disso, o sucesso no campo profissional ajuda a pessoa a se conectar com a sociedade, a encontrar o seu propósito. Ajuda a fazer o planeta ficar um pouco melhor.

No campo afetivo, é importante ter sempre em mente a possibilidade de construir uma relação amorosa estável e saudável, que torne os parceiros pessoas melhores; de criar uma família carinhosa, com princípios positivos; de manter os canais abertos com os filhos; e de ter amigos companheiros e leais.

Finalmente, cuide de expandir o campo da transcendência, que está relacionado com a busca da conexão com o divino e a paz espiritual. É nesse campo que você batalha para se tornar uma pessoa sábia, para se sentir parte integrante do Universo. Nesse campo, encontra-se o verdadeiro sentido da vida – mas, geralmente, essa conexão acontece quando você tiver autonomia, liberdade e amor na sua vida.

Realização de metas são os marcos na sua vida que mostram a sua evolução.

10 As cinco dicas da prosperidade

Quando conversarmos sobre realização de sonhos, é fundamental termos a clareza dos tesouros da vida. Lembre-se de que é importante expandir o conceito de riqueza para termos prosperidade.

> **PROSPERIDADE É BEM MAIS DO QUE DINHEIRO. É RIQUEZA, NUM SENTIDO MUITO MAIS AMPLO, QUE INCLUI DINHEIRO, É CLARO, MAS É COMPOSTA TAMBÉM DE SAÚDE, AMOR, FELICIDADE, RECONHECIMENTO, EXPERIÊNCIAS E ESPIRITUALIDADE. PROSPERIDADE É TER UMA VIDA PLENA.**

Cada um desses componentes da prosperidade tem natureza própria. Mas eles não são totalmente independentes uns dos outros. Todos fazem parte de um ciclo da prosperidade.

Para entrar nesse ciclo, a primeira coisa a fazer é esquecer a ideia de que as nossas conquistas são todas separadas. Não é fácil, porque escutamos desde criancinha que é necessário escolher. A cultura segundo a qual vivemos estabelece que as pessoas precisam escolher entre o caminho material e o caminho espiritual, entre amor e sexo e entre casamento e carreira.

Felicidade, na maioria das vezes, é não ter de fazer escolhas. Entre espiritualidade e dinheiro, eu quero espiritualidade abundante. Entre sucesso comercial e carreira acadêmica, eu quero sucesso com profundidade. Entre carreira e família, eu quero sucesso profissional e familiar.

Você já deve ter escutado aquele ditado: "Sorte no jogo, azar no amor". Pois então... não é verdade! A vida pode ser sorte no jogo, sorte no amor. A pessoa que vive com você pode ser a que provoca em você a maior atração sexual e ao mesmo tempo ser a sua melhor amiga, a sua companheira de aventuras na vida. Você pode ter uma vida espiritual rica e ao mesmo tempo um alto padrão de conforto.

A prosperidade não é escolha, divisão. Ela é integração. Não adianta muito você ter sucesso sem felicidade nem é possível felicidade sem dinheiro para ter um estilo de vida saudável.

Para criar um ciclo de abundância, é importante que você analise algumas crenças.

DINHEIRO PODE SER UMA ENERGIA LINDA

Seria de uma ingenuidade imensa falar do dinheiro como algo sempre positivo.

Existe um dinheiro que tem uma energia muito negativa. O dinheiro da corrupção, da destruição dos valores, da manipulação, mas pensar somente no lado sombrio do dinheiro é de uma pobreza infinita, porque o dinheiro pode ser uma energia linda que cria hospitais, escolas, evolução, estilo de vida luminoso.

Para muita gente, existe um mecanismo psicológico que afasta a riqueza. São pessoas que internalizaram as mensagens de que o dinheiro é algo negativo. Essas mensagens podem vir de algumas interpretações religiosas: "quem ganha dinheiro é pecador", "é mais fácil um camelo passar pelo buraco de uma agulha do que um rico entrar no reino dos Céus"; de considerações sobre classes sociais: "os ricos só são ricos porque exploram os pobres"; de superstições: "quem ganha muito dinheiro não conquista amor verdadeiro"; e de opiniões sobre a psicologia humana: "o dinheiro torna as pessoas mesquinhas".

Guiar-se por conceitos assim só faz diminuir as suas perspectivas na vida. O dinheiro pode ser prejudicial ao seu espírito? Só se você o encarar da forma errada. Se você se deixar dominar por ele, achar que ele é um fim em si mesmo.

Dinheiro pode criar a sua autonomia na vida.

Você se lembra de quando começou a ganhar o próprio salário e saiu da casa dos seus pais? Existe sensação de liberdade mais forte do que essa? Foi o dinheiro que trouxe liberdade? Não, ele é um sinal de que você conquistou essa autonomia.

Sabe quando eu realmente passei a dar valor ao dinheiro na minha vida? Quando precisei de recursos para bancar o tratamento do meu primeiro filho, conforme já contei neste livro; mas você não precisa viver uma situação dramática para aprender que o dinheiro é um meio poderoso para realizar as coisas de que você precisa e para dar o devido valor a ele.

Para fazer parte do ciclo da prosperidade, o dinheiro precisa ter estes três tipos de energia:

Primeiro, fazer dinheiro deve servir para você se tornar uma pessoa melhor e um profissional melhor. Quer dizer: para conseguir dinheiro, você evolui, estuda, aprende a se organizar, entende e corrige as suas falhas. Evoluir somente como profissional é arriscado porque, nesse caso, o dinheiro pode torná-lo mais fechado, mais mesquinho e egoísta.

Se o dinheiro serve como incentivo para você se aprimorar, ele está dentro do ciclo da prosperidade.

O segundo tipo de energia que o dinheiro tem de ter é servir como benefício para os outros. É importante você ganhar ajudando as pessoas ao seu redor. Eu adoro pensar que, quando eu realizo MINHA MISSÃO de ajudar as pessoas a realizar as suas metas, estou ao lado de Deus.

Em geral, se você faz um serviço generoso, o seu sucesso já é quase automaticamente um benefício para a sociedade. Pense sempre em ajudar mais pessoas porque, se você prestava serviço para dez clientes e conseguiu montar uma estrutura que atende mil, dez mil clientes, provavelmente vai ganhar mais dinheiro. Mas vai ganhar mais dinheiro porque está conseguindo ajudar mais gente.

O terceiro tipo de energia do dinheiro no ciclo da prosperidade é a sua relação com o mundo. No processo por meio do qual você ganhou dinheiro, o mundo se tornou um lugar melhor? O que você faz reverteu como um bem para as pessoas, para o ambiente, para a cultura? Em última instância, você deve responder à pergunta: "O dinheiro está a serviço da humanidade?".

A FELICIDADE CORRE O RISCO DE DESAPARECER QUANDO VOCÊ ESTABELECE UMA META

As metas podem matar a possibilidade de você ser feliz.

Certamente, elas são muito importantes para que foquemos os nossos esforços e tenhamos um bom resultado. Quando as pessoas vivem somente para realizar metas, elas acabam perdendo o presente porque estão sempre vivendo no futuro: quando eu me formar na faculdade, quando eu for promovido, quando eu montar a minha empresa, quando eu me casar, quando eu tiver filho.

O pior é que, quando realizam esse projeto, elas já colocam outras metas.

Quando eu for promovido de novo, quando a minha empresa estiver sendo muito lucrativa, quando eu resolver esse problema no casamento, quando o meu filho entrar na escola... e a pessoa acaba nunca sendo feliz, porque metas dizem respeito a administrar e a construir o futuro, mas a felicidade só pode acontecer nesse momento.

Por isso, é muito complexo pessoas muito ricas terem paz de espírito.

Eu me lembro da pergunta de um dos homens mais ricos do Brasil: "Roberto, apesar de realizar todas as metas que eu coloco nos meus negócios, por que eu sempre estou frustrado na minha vida pessoal?".

Eu respondi: "Na sua vida profissional, quando você determina as metas, os indicadores, monitora o cronograma, você, frequentemente, controla o processo por completo. Isso é inviável na sua vida pessoal".

Você querer controlar a vida da sua filha adolescente é um caminho para o inferno. Se quiser controlar todas as variáveis da noite de aniversário de casamento ou determinar como serão os jantares em família, você vai sempre se sentir frustrado, porque a felicidade é deixar fluir e curtir o que está acontecendo.

Eu sou muito amigo do Victor e do Leo Chaves, a dupla sertaneja Victor e Leo, e eles têm um pensamento que eu acho muito lindo: "No começo das nossas carreiras de músicos, tocávamos num barzinho; muitas noites tocamos para três, quatro, cinco pessoas, mas éramos muito felizes. Hoje, nós tocamos para muitos milhares de pessoas, é lógico, temos mais sucesso, mais reconhecimento, mais dinheiro, mas a felicidade é a mesma". E é por isso que eles falam em muitas entrevistas: "Não tenha pena de um músico que está tocando num barzinho. Ele pode estar se sentindo muito mais feliz do que vocês com todos esses milhões".

SEMPRE DÊ UM JEITO DE SER FELIZ COM O QUE VOCÊ TEM.

Por isso, é muito importante você se sentir bem: num *resort* cinco estrelas ou numa casa de praia com dez amigas comendo sanduíches. É muito importante que você mostre aos seus filhos que eles podem ser igualmente felizes comendo um frango de padaria e viajando para Disney. Se deixarmos a felicidade para quando estivermos na Disney, quando chegarmos lá, falaremos: "Da próxima vez que viermos para a Disney...", e aí começaremos a falar da hospedagem, da viagem, dos restaurantes, e não curtiremos aquele momento.

As cinco dicas da prosperidade

AGRADEÇA SEMPRE

Um piloto de caça estadunidense, o capitão da Marinha Charles Plumb, teve de saltar de paraquedas quando seu avião foi abatido em voo durante a guerra do Vietnã. Ele foi capturado e ficou preso durante seis anos. Na volta, continuou a sua carreira militar até a aposentadoria e se tornou um palestrante motivacional.[1] Um belo dia, estava num restaurante quando um homem se levantou para falar com ele. "O senhor é o capitão Plumb, que serviu no navio *Kitty Hawk* durante a guerra. O seu avião foi abatido, o senhor saltou de paraquedas e foi capturado pelo inimigo", disse o homem.

Plumb lhe perguntou como ele sabia de tudo isso, e o homem disse: "Porque fui eu quem dobrou o seu paraquedas". Sem palavras, Plumb se levantou para cumprimentá-lo. E o homem falou: "Pelo visto, ele funcionou bem".

Ao final do encontro, Plumb perguntou como ele se sentia por ter tido um papel tão importante na vida de tanta gente, e ele respondeu: "Eu dobrava cada paraquedas com todo o cuidado do mundo porque eu sabia que a vida de cada um dependia do meu trabalho".

A partir daí, Plumb incorporou a história em suas palestras, dizendo: "A questão filosófica é a seguinte: se os seus paraquedas estão funcionando, lembre-se de agradecer quem dobra os seus paraquedas. Talvez seja hora de você telefonar para eles e agradecer por esse cuidado que tiveram com você".

Reconhecer o valor dessa pessoa é demonstrar o seu senso de honra e agradecer cria a energia para continuar recebendo.

Não sei se você já reparou que, num jogo de futebol, às vezes o atacante marca um gol e sai correndo sozinho, não deixa ninguém chegar perto. Outras vezes, porém, você vê que o atacante corre em direção ao colega que lhe deu o passe, alguns até se ajoelham e fazem o gesto de quem está lustrando o pé que lhe mandou aquela bola redondinha.

Em geral, o time de quem agradece deixa o egoísmo de lado e todo mundo se sente importante em ajudar os companheiros a realizar a meta do time.

Cada vez que agradece, você mostra ao outro a sua humildade, salienta a importância do outro e cria uma conexão poderosa entre vocês.

APROVEITE A ABERTURA DO PORTAL

Existem momentos na nossa vida que os portais se abrem e precisamos aproveitar essas aberturas para mergulhar nelas.

"Roberto, o que é um portal energético?"

Um portal energético é uma conjunção astral que facilita a nossa entrada em um novo campo da nossa vida.

Tem duas cenas de filmes que nos mostram o que é uma abertura de portal.

A primeira cena é do filme *Harry Potter e a pedra filosofal*, quando Harry está na estação de trem, indo encontrar a sua vocação, e ele tem uma percepção de uma nova dimensão para ele viver.

E se ele pensasse "Estou como sono! Hoje não vou para a escola" ou falasse: "Não vou, prefiro terminar de ler esse livro"? Simplesmente a sua transformação no Harry Potter com superpoderes não teria acontecido.

A segunda é uma cena do filme *Indiana Jones e a última cruzada*, em que ele está em frente a uma caverna, indo buscar o Santo Graal, e a caverna se abre. E se falasse "Nossa, estou cansado, vou dormir para estar em forma; amanhã cedo, eu entro para pegar o Santo Graal". Simplesmente a sua conquista não teria acontecido.

Então, neste momento em que você lê este livro, há uma conjunção energética para ir para o próximo nível e você tem de aproveitá-la.

Na minha vida, eu tenho algumas histórias de portais que se abriram e que eu aproveitei.

As cinco dicas da prosperidade

A maior de todas: se eu fosse numa cartomante, taróloga ou astróloga no dia 28 de janeiro de 1984 e ela me dissesse: "Você vai ser um dos escritores que mais vai vender livros no mundo" – 9 milhões de exemplares é muito livro em qualquer lugar do mundo, em qualquer lugar da história –, eu ia sair dessa consulta pensando que ela tinha errado totalmente. Eu não tenho qualquer vocação, talento nem tempo para escrever livros!

Eu tinha um mentor chamado Marco Antônio Garcia Oliveira, que foi muito importante no começo da minha carreira. Eu tive uma ascensão profissional muito rápida; no final de 1983, Marco me disse: "Roberto, agora só falta um livro! Você tem o respeito da comunidade e tem uma ótima clientela. Você precisa ter um livro para mostrar o seu conhecimento e a sua autoridade, e isso vai dar a você uma solidez para a sua imagem".

Eu respondi ao Marco que eu não tinha vocação nem tempo para escrever um livro e que isso não fazia parte dos meus projetos. Ele, com a sua sabedoria, me falou: "Pense nisso!".

Embora eu tenha falado para ele que eu não escreveria o livro, eu continuei pensando nisso. No dia 29 de janeiro de 1984, eu peguei um avião para Lima, no Peru. Eu dava consultoria para uma multinacional peruana de alimentos, o trabalho daquele ano tinha sido um sucesso e a equipe de vendas me convidou para passar o fim de semana em Ayacucho com a equipe para comemorar a vitória e depois eles me dariam de bônus uma viagem para Cuzco e Machu Picchu.

O convite era uma tentação e eu fiquei naquela dúvida: "Vou para Ayacucho ou volto para o Brasil para escrever o livro?". Eu fiquei pensando: "O Marco tem sido tão certeiro, eu vou escrever o livro!". Quatro meses depois, em maio, eu seria o presidente do congresso latino-americano de Análise Transacional e esse evento seria uma oportunidade muito especial. Eu pensei: "Quer saber de uma coisa, eu vou lançar o livro no congresso de Análise Transacional, vou ser presidente e vou ter visibilidade". E lá, dentro do avião, fiz o roteiro.

Eu agradeço todos os dias por aquele fevereiro de 1984, pois foi o mês mais produtivo da minha vida. Em um mês, eu escrevi *Carícia essencial,* que fez um sucesso imenso. Várias universidades e empresas compraram muitos exemplares para dar a todos os colaboradores, inclusive um banco comprou 50 mil livros. Minha carreira foi para outro nível.

Eu já pensei o que teria acontecido com a minha carreira se eu tivesse ido para Ayacucho e para Cuzco e não tivesse escrito o livro naquele mês. Talvez a minha carreira não tivesse sido a mesma.

E eu digo para você: "Ler um livro é sempre um marco e eu quero que você o aproveite; eu quero que você aproveite esse portal que está se abrindo. Organize um projeto e realize".

DEIXE ESPAÇO PARA DEUS FAZER O SEU TRABALHO

É muito importante termos metas e trabalharmos para realizá-las, mas é muito mais importante deixarmos um espaço na nossa vida para Deus mostrar os nossos talentos, os nossos caminhos. Se alguém me perguntasse: "Roberto, você pensa que algum dia você vai ser um escritor best-seller?", eu falaria: "Isso não faz parte da minha vocação e das minhas metas. Portanto, isso não faz parte dos meus projetos".

Vamos imaginar que, aos 35 anos, alguém me perguntasse: "Roberto, quais são os seus planos para se transformar em um grande palestrante?". Eu teria de dizer: "Nenhum, zero, sou uma pessoa introvertida, tímida. Não sou de falar, eu gosto de ser terapeuta, porque na sessão de terapia não preciso ficar falando muito, não me exponho, não tenho nenhum plano para virar palestrante de multidões".

Se alguém me perguntasse: "Quais são os seus planos para se tornar um empresário, criar uma das grandes editoras do Brasil?", eu novamente falaria: "Nenhum plano. Eu odeio empresários, eu acho que são pessoas mesquinhas, que só pensam em lucro e em indicadores, que não têm missão de vida". E eu realizei o projeto de me transformar em um empresário.

Apesar de ter a atitude de determinar as metas e trabalhar por elas, eu também sei que Deus tem os próprios planos para mim e eu tenho de estar aberto para ser a flauta divina na qual ele toca a sua melodia.

Na Índia, quando falamos para os mestres dos nossos projetos, eles riem e dizem: "Deus ri quando Ele vê a nossa lista de metas". Ele tem um plano para cada um de nós. Por isso, é muito importante trabalhar, determinar e comprometer pelas nossas metas, mas é importante estar aberto para realizar os planos que Deus tem para cada um de nós.

Veja o exemplo de Maria. Uma menina que estava noiva de um homem mais velho, José, e aguardava o rito do casamento, que tornaria a união formal, conforme os costumes religiosos que eles seguiam. Ela queria se casar, ter filhos, mas teve o plano de Deus. Ela seria a Virgem Maria, mãe do Salvador, e foi feliz vivendo o plano de Deus. A mesma coisa serve para Cristo. Quando Cristo pede para o Pai afastar o cálice, ele está querendo viver o plano de homem, e então Deus mostra que tem um plano maior para Ele. Daí, Cristo fala: "Seja feita a Sua vontade".

Deus tem planos para cada um de nós e a nossa realização acontece quando nos entregamos para essa orientação, sem resistência e com comprometimento total.

CADA VEZ QUE AGRADECE, VOCÊ MOSTRA AO OUTRO A SUA HUMILDADE, SALIENTA A IMPORTÂNCIA DO OUTRO E CRIA UMA CONEXÃO PODEROSA ENTRE VOCÊS.

Dê um jeito de ser muito feliz

ntes de deixar você seguir o seu caminho para o seu próximo nível, rumo a uma vida de mais prosperidade, eu quero dar só mais um recado: quem define o seu próximo nível é você. Nunca se esqueça disso. Nunca deixe outra pessoa definir o seu próximo nível por você.

A essa altura, você já deve saber que as metas que realmente valem a pena são aquelas que vêm de dentro, que respondem a uma inquietação da sua essência. A sua grande batalha é para realizar o seu potencial.

Saber que você está respeitando a sua alma vai lhe dar uma força extra para adotar a mentalidade certa, assumir as atitudes certas, desenvolver as competências certas.

> **EU TENHO CERTEZA DE QUE DA PRÓXIMA VEZ QUE NOS ENCONTRARMOS VAMOS ESTAR EM UM NÍVEL MAIS ELEVADO.**

Agora, o que se aplica a você também se aplica às pessoas que você ama.

Não cometa o erro de querer definir o próximo nível delas. Isso vale para todas as pessoas da sua vida e, de modo especial, para os seus filhos. Quando penso na minha vida, percebo que um dos meus maiores erros – de vez em quando eu escorrego e continuo cometendo – é querer ter a onipotência de definir a vida das pessoas que eu amo.

Quando conversava com os meus mestres espirituais na Índia sobre as minhas preocupações com as pessoas queridas, eles sempre respondiam: "Aceite que elas vão viver o carma delas". Cada um tem de viver a própria história. Se fizerem besteira, não é culpa sua. Se atingirem um sucesso extraordinário, também não é a sua glória.

O melhor que você pode fazer é apoiá-las. Abençoar as escolhas que fizerem e orar para que tenham êxito em suas realizações, porque Deus é o verdadeiro protetor de todos nós.

Sabemos que Deus age em todas as coisas para o bem daqueles que o amam, dos que foram chamados segundo o seu propósito (Romanos 8:28).

Vocês caminharam juntos, você está vivendo a sua história, e o meu convite para você é:

- ○ **Quer ser legal com os seus filhos?**
- ○ **Quer ser legal com a sua esposa?**
- ○ **Quer ser legal com o seu marido?**
- ○ **Quer ser legal com os seus pais?**

Abençoe as escolhas que eles fizeram. Abençoe as escolhas que eles fazem. Reze por eles e faça uma mentalização de energia positiva.

Tente não ter raiva nem ficar irritado. Essas duas emoções são o sinal de que você está tentando ser Deus; está querendo definir o destino de outra pessoa.

Isso não significa que você não terá nenhuma influência sobre as pessoas que ama. Longe disso. Você é como a rosa. A rosa não escolhe para quem vai dar o perfume. Ela apenas exala o perfume, e ele invade todos os lugares. O seu exemplo, a sua força, os seus pensamentos marcam e acompanham as pessoas que estão ao seu redor.

Espalhe o seu perfume.

O seu perfume será sentido com mais força por quem está próximo, mas não alcança só a eles. Tenha carinho não só pelos seus filhos mas também pelos filhos da humanidade, pelos seus amigos.

> **DEIXE A SUA LUZ ILUMINAR. VOCÊ NASCEU PARA BRILHAR, VOCÊ NASCEU PARA EXPANDIR-SE. QUANTO MAIS O SEU CORAÇÃO ESTIVER CHEIO DE AMOR, MAIS A SUA VIDA VAI TER ESPAÇO PARA A FELICIDADE.**

93% É UM NÚMERO FUNDAMENTAL

Seu amor, sua fé, sua confiança, sua alegria não ajudam apenas você a passar para o próximo nível. Eles ajudam o mundo a ser um lugar mais bacana, a vida a ser mais legal de ser vivida.

Coisas ruins podem acontecer, mas o amor nos prepara para enfrentá-las. Vale mais a pena investir em boa alimentação, bom estado de espírito, bom humor, bom preparo físico do que em preocupação.

Até porque a maioria dos nossos medos nunca se concretizam. Um dos patriarcas da fundação dos Estados Unidos, Thomas Jefferson, escreveu em 1825 um decálogo de conselhos para o filho de um amigo. O oitavo conselho era o seguinte: "Quanta dor nos causam os males que nunca aconteceram".[1] Bem antes dele, no século I da era cristã, o filósofo romano Sêneca já havia dito: "Que loucura é ter a expectativa do mal antes que ele chegue!".[2]

Nos nossos tempos modernos, em que há estudos e quantificações para qualquer coisa, Robert Leahy, diretor do Instituto Americano para Terapia Cognitiva e professor do Departamento de Psiquiatria na Faculdade de Medicina da Universidade Cornell, fez um experimento em que estudantes eram instados a apontar suas preocupações para um futuro determinado. Uma checagem feita meses mais tarde concluiu que 85% daqueles medos não se concretizaram. E mais: dos 15% que vieram a acontecer, em quatro de cada cinco casos, as pessoas descobriram que eles não eram tão ruins quanto pensavam ou que a experiência acabou sendo importante para elas. Ou seja, 97% das preocupações são fruto do exagero ou de uma perspectiva falha da realidade.[3]

Outro estudo de pesquisadores da Universidade da Pensilvânia, feito com um grupo de pessoas com transtorno de ansiedade generalizada (TAG), concluiu que a taxa de preocupações inúteis é ainda maior: 91% delas nunca se concretizam.[4]

No entanto, gastamos tempo, uma energia incrível com problemas inexistentes. Às vezes, com efeitos traumáticos. Eu tenho um amigo que um dia me falou a seguinte frase, que para mim foi inesquecível: "Meu pai nunca me bateu, mas eu apanhei dele muitas vezes. Eu apanhei dele porque achava que uma hora ia me bater, que em outra ocasião ele não ia se controlar, que daquela outra vez ele ia perder a cabeça e me machucar. Eu chorava de medo, eu ficava sem dormir. E ele nunca me bateu".

É verdade que tomar cuidado é importante. O medo faz com que atuemos preventivamente (por exemplo, passando protetor solar por medo de câncer de pele), evitemos perigos (como promover aglomerações durante uma pandemia), estudemos mais para nos prepararmos para a prova.[5]

Existe uma maneira saudável de lidar com os perigos ou possíveis fatos negativos no futuro. E envolve muito mais planejamento do que ansiedade. Nada mais útil, para lidar com os problemas, do que manter o equilíbrio e a energia positiva. É conveniente relaxar, dormir bem, alimentar-se bem, manter o corpo ativo, concentrar-se em pensamentos positivos. Viver na luz.

Com base nas diversas pesquisas sobre a realidade das preocupações que podem se tornar realidade, eu peguei para mim o número 93, ou seja, 93% das coisas que eu posso me preocupar que não vão acontecer.

Por isso, eu tenho um desenho escrito 93% bem grande, em um quadro que fica na parede do meu escritório, para lembrar que, por mais que as minhas neuras queiram me convencer de que vai dar merda, essa preocupação vai ser inútil. Faça você também um desenho bem grande escrito: 93% são inúteis — esse vai ser um código nosso para deixar a sua vida muito mais leve.

Obrigado por ter me acompanhado até o fim nessa conversa e eu torço para que a sua vida seja sempre abençoada com muita luz.

Que o Senhor esteja conosco!

Uma grande abraço carinhoso,

Roberto Shinyashiki
Denver, 8 de julho de 2021.

NOTAS DE FIM

Introdução

[1] SHINYASHIKI, R. **A carícia essencial**. São Paulo: Gente, 1985.

[2] SHINYASHIKI, R. **Amar pode dar certo**. São Paulo: Gente, 1988.

Capítulo 1

[1] MAIER, S. F.; SELIGMAN, M. E. Learned helplessness: Theory and evidence. **Journal of Experimental Psychology: General**, v. 105, n. 1, p. 3-46, 1976. Disponível em: https://psycnet.apa.org/doiLanding?doi=10.1037%2F0096-3445.105.1.3. Acesso em: 3 jul. 2021. Disponível em: https://doi.org/10.1037/0096-3445.105.1.3.

[2] Essa história está contada num artigo da revista *National Geographic*, 3 de março de 2013, baseado no filme "50 Anos no Everest", de 2003. EVEREST 1953: First Footsteps – Sir Edmund Hillary and Tenzing Norgay. **National Geographic**, 3 mar. 2013. Disponível em: https://www.nationalgeographic.com/adventure/article/sir-edmund-hillary-tenzing-norgay-1953. Acesso em: 3 jul. 2021.

[3] ONGARATTO, S. Brasil: um a cada três casamentos termina em divórcio. **Crescer**, 4 abr. 2019. Disponível em: https://revistacrescer.globo.com/Familia/Sexo-e-Relacionamento/noticia/2019/04/brasil-um-cada-tres-casamentos-termina-em-divorcio.html. Acesso em: 3 jul. 2021.

Capítulo 2

[1] ARBESMAN, S. **The Half-Life of Facts**: why everything we know has an expiration date. New York: Current, 2013.

[2] SULLIVAN, B.; THOMPSON, H. **O efeito patamar**: da estagnação ao sucesso. Rio de Janeiro: Alta Books, 2014.

Capítulo 3

[1] Essa história está bem contada numa reportagem de Geoffrey Colvin para a revista *Fortune*, de 8 de janeiro de 2001. COLVIN, G. Changing of the guard: some people think Jack Welch is irreplaceable. Not Welch. Here is the inside story of how he and the GE board selected his successor. **Fortune**, 8 jan. 2001. Disponível em: https://archive.fortune.

com/magazines/fortune/fortune_archive/2001/01/08/294478/index.htm. Acesso em: 4 jul. 2021.

[2] Para mais detalhes, leia o artigo: Edison's Lightbulb. **The Franklin Institute**, c2021. Disponível em: https://www.fi.edu/history-resources/edisons-lightbulb. Acesso em: 4 jul. 2021.

[3] Um bom artigo biográfico sobre Thomas Edison encontra-se em: THOMAS Edison. **History**, 9 nov. 2009. Disponível em: https://www.history.com/topics/inventions/thomas-edison. Acesso em: 4 jul. 2021.

Capítulo 6

[1] SIMS, P. **Little Bets**: how breakthrough ideas emerge from small discoveries. New York: Simon & Schuster, 2013.

[2] SHINYASHIKI, R. **O sucesso é ser feliz**. São Paulo: Gente, 1997.

[3] Um bom resumo do conceito de neurônios-espelho encontra-se no artigo: REHEN, S. O que é? O que é? Neurônios-espelho. **Revista Fapesp**, ed. 193, mar. 2012. Disponível em: https://revistapesquisa.fapesp.br/o-que-e-o-que-e-4/. Acesso em: 14 jul. 2021.

[4] CHRISTAKIS, N.; FOWLER, J. **O poder das conexões**. Rio de Janeiro: Elsevier, 2009.

[5] Várias de suas realizações estão listadas num tributo a ele no site: PROFESSOR Stephen Hawking 1942-2018. **University of Cambridge**, c2021. Disponível em: https://www.cam.ac.uk/news/professor-stephen-hawking-1942-2018. Acesso em: 14 jul. 2021.

[6] Uma explicação mais pormenorizada do sistema que lhe permitiu se comunicar é descrita no site: VINAY, A. Here's how Stephen Hawking used his cheek muscle to communicate with the world. **Scoop Whoop**, 14 mar. 2018. Disponível em: https://www.scoopwhoop.com/how-did-stephen-hawking-communicate/. Acesso em: 14 jul. 2021.

Capítulo 7

[1] SHINYASHIKI, R. **Pare de dar murro em ponta de faca**. São Paulo: Gente, 2017.

[2] O livro se chamava *Eat that frog!: 21 great ways to stop procrastinating and get more done in less time*. O título da tradução brasileira não tem o mesmo charme. Em vez de "coma aquele sapo", ficou *Comece pelo mais difícil: 21 ótimas maneiras de superar a preguiça e se tornar altamente eficiente e produtivo* (Sextante, 2017).

[3] O verbete é esmiuçado pelo artigo: EAT a live frog every morning, and nothing worse will happen to you the rest of the day. **Quote Investigator**, 2013. Disponível em: https://quoteinvestigator.com/2013/04/03/eat-frog/. Acesso em: 14 jul. 2021.

[4] A história é contada em inúmeros lugares. Para uma biografia abrangente, leia: STONE, B. **A loja de tudo** – Jeff Bezos e a era da Amazon. São Paulo: Intrínseca, 2019.

[5] Para se estender um pouco sobre algumas delas, consulte o artigo: RAMPTON, J. 10 reasons why a mentor is a must. **Inc.**, 9 jan. 2016. Disponível em: https://www.inc.com/john-rampton/10-reasons-why-a-mentor-is-a-must.html. Acesso em: 14 jul. 2021.

[6] ENSHER, E. A.; MURPHY, S. E. Power mentoring: how successful mentors and protégés get the most out of their relationships. San Francisco: Jossey-Bass, 2005. *In:* JUER, M. *et al.* Mentoria – Um estudo das expectativas de mentores e mentoreados. **XXXIII Encontro da Anpad (Associação Nacional de Pós-Graduação e Pesquisa em Administração)**, São Paulo, 2009. Disponível em: http://www.anpad.org.br/diversos/down_zips/45/GPR1045.pdf. Acesso em: 14 jul. 2021.

[7] A entrevista com Gregory Nagy consta do artigo: O'DONNELL, B. R. J. The Odyssey's millennia-old model of mentorship. **The Atlantic**, 13 out. 2017. Disponível em: https://www.theatlantic.com/business/archive/2017/10/the-odyssey-mentorship/542676/. Acesso em: 14 jul. 2021.

[8] Mateus, 15:14, tradução da Bíblia King James. A edição João Ferreira de Almeida atualizada é ligeiramente diferente: "Se um cego guiar outro cego, ambos cairão no barranco".

Capítulo 8

[1] SCHUMPETER, J. **Capitalismo, socialismo e democracia**. São Paulo: Ed. Unesp, 2017.

[2] ARBESMAN, S. *op. cit.*

[3] O termo "flexibilidade cognitiva" foi cunhado pela primeira vez no artigo: SCOTT, W. A. Cognitiva complexity and cognitive flexibility. **Sociometry**, v. 25, n. 4, p. 405-414, dez. 1962. Disponível em: https://www.jstor.org/stable/2785779?origin=crossref. Acesso em: 15 jul. 2021. Nele, William a descreve como "a habilidade mental de trocar entre pensar sobre dois conceitos diferentes, e de pensar sobre múltiplos conceitos simultaneamente". Porém, foi a pesquisa de Rand J. Spiro, de 1982, "Cognitive flexibility theory", que trouxe uma abordagem altamente específica ao uso da tecnologia para o desenvolvimento da habilidade de responder adaptavelmente a situações do mundo real novas, em vez de contar com padrões pré-armazenados na memória. Dr. Spiro é o criador da Teoria da Flexibilidade Cognitiva (com os colaboradores Paul Feltovich e Richard Coulson no final da década de 1980). Mais informações em: SPIRO, R. J. *et al.* Cognitive flexibility theory: advanced knowledge acquisition in ill-structured domains. *In:* PATEL, V. (ed.). **Proceedings of the 10th annual conference of the cognitive science society**. Hillsdale: Erlbaum, 1988.

[4] Um resumo do modelo pode ser encontrado em: MONTGOMERY, D. The four stages of learning: They're a circle, not a straight line. **Gordon Training International**, 7 jul. 2016.

Disponível em: https://www.gordontraining.com/leadership/four-stages-learning-theyre-circle-not-straight-line/. Acesso em: 14 jul. 2021.

[5] RIES, A.; TROUT, J. **Horse sense**: encontre o cavalo certo para montar. São Paulo: M. Books, 1991.

[6] Uma boa explicação sobre o termo encontra-se em: CRAFTING an elevator pitch – Introducing your company quickly and compellingly. **MindTools**, 2018. Disponível em: https://www.mindtools.com/pages/article/elevator-pitch.htm. Acesso em: 14 jul. 2021. Em português, você pode ler o artigo: PITCH: o que é e como fazer. **StartSe**, 29 jan. 2021. Disponível em: https://app.startse.com/artigos/pitch-o-que-e-e-como-fazer. Acesso em: 14 jul. 2021.

[7] SHINYASHIKI, R. **Os segredos das apresentações poderosas**. São Paulo: Gente, 2012.

Capítulo 9

[1] A história da Ambev está bem contada nos livros: CORREA, C. **Sonho grande**. Rio de Janeiro: Primeira Pessoa, 2013; e ABDALLAH, A. **De um gole só**: A história da Ambev e a criação da maior cervejaria do mundo. São Paulo: Portfolio, 2019. Vários exemplos de como essa cultura é disseminada para os mais diversos tipos de atividade encontram-se em: Cohen, D. **Cultura da excelência**. Rio de Janeiro: Primeira Pessoa, 2017.

[2] Um relato bem apurado da trajetória da Amazon encontra-se em: STONE, B. **A loja de tudo** – Jeff Bezos e a era da Amazon. São Paulo: Intrínseca, 2019.

[3] TRENWITH, C. Virgin Galactic's Branson reveals space hotel idea. **Arabian Business**, 11 mar. 2014. Disponível em: https://www.arabianbusiness.com/virgin-galactic-s-branson-reveals-space-hotel-idea-542188.html. Acesso em: 15 jul. 2021; LO, D. Richard Branson wants to build hotels in space. **Food & Wine**, 24 maio 2017. Disponível em: https://www.foodandwine.com/news/richard-branson-wants-build-hotels-space. Acesso em: 15 jul. 2021.

Capítulo 10

[1] A história completa pode ser lida no artigo: A CAPTAIN'S life. **Captain Charlie Plumb**, c2021. Disponível em: https://charlieplumb.com/about-captain-plumb/. Acesso em: 15 jul. 2021.

Dê um jeito de ser feliz

[1] Carta datada de 21 de fevereiro de 1825 para Thomas Jefferson Smith, que consta em: RANDOLPH, T. J. (ed.) **Memoir, correspondence, and miscellanies**: from the papers

of Thomas Jefferson – v. IV. Charlottesville: F. Carr, and co., 1829. O livro pode ser parcialmente consultado no Google Books, no link: https://books.google.com.br/books?id=B6pGAAAAIAAJ&printsec=frontcover&hl=pt-BR#v=onepage&q&f=false. Acesso em: 15 jul. 2021.

[2] SENECA. **Epistolae Ad Lucilium**. XCVIII. Uma tradução em inglês pode ser encontrada em: MANNING, C. E. Seneca's 98th letter and the "Praemeditatio futuri mali". **Mnemosyne**, v. 29, fasc. 3, p. 301-304, 1976. Disponível em: https://www.jstor.org/stable/4430615. Acesso em: 15 jul. 2021. Uma versão em português pode ser encontrada em: CARTA 98: sobre a inconstância da fortuna. **O Estoico**, 5 nov. 2020. Disponível em: https://www.estoico.com.br/1898/seneca-carta-98-sobre-a-inconstancia-da-fortuna/. Acesso em: 15 jul. 2021. Nesse caso, a tradução é: "Sofre mais do que é necessário quem sofre antes que seja necessário".

[3] O experimento do professor Leahy está narrado em artigos do jornal *The New York Times* e do site *Huffintgon Post*: TUGEND, A. Coping skills and horrible imaginings. **The New York Times**, 2 jan. 2009. Disponível em: https://www.nytimes.com/2009/01/03/your-money/03shortcuts.html. Acesso em: 15 jul. 2021; GOEWEY, D. J. 85 percent of what we worry about never happens. **HuffPost**, 25 ago. 2015. Disponível em: https://www.huffpost.com/entry/85-of-what-we-worry-about_b_8028368. Acesso em: 15 jul. 2021.

[4] LAFRENIERI, L.; NEWMAN, M. G. Exposing worry's deceit: percentage of untrue worries in generalized anxiety disorder treatment. **Behavior Therapy**, v. 51, ed. 3, p. 413-423, maio 2020. Disponível em: https://www.sciencedirect.com/science/article/abs/pii/S0005789419300826. Acesso em: 15 jul. 2021.

[5] SWEENY, K.; DOOLEY, M. The surprising upsides of worry. **Social & Personality Psychology Compass**, v. 11, n. 4, abr. 2017. Disponível em: https://onlinelibrary.wiley.com/doi/full/10.1111/spc3.12311. Acesso em: 15 jul. 2021. Um artigo sobre as opiniões dos autores do artigo mencionado anteriormente pode ser lido em: PAWLOWSKINA, A. How to worry better. **Better by Today**, 10 maio 2017. Disponível em: https://www.nbcnews.com/better/pop-culture/praise-worry-why-fretting-can-be-good-you-ncna757016. Acesso em: 15 jul. 2021.

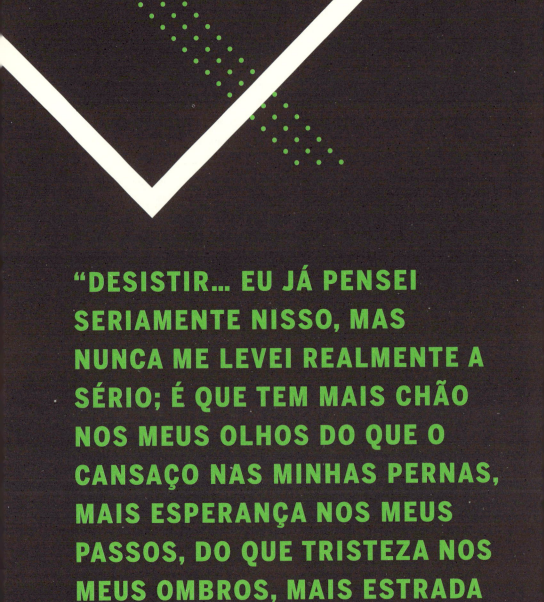

"DESISTIR... EU JÁ PENSEI SERIAMENTE NISSO, MAS NUNCA ME LEVEI REALMENTE A SÉRIO; É QUE TEM MAIS CHÃO NOS MEUS OLHOS DO QUE O CANSAÇO NAS MINHAS PERNAS, MAIS ESPERANÇA NOS MEUS PASSOS, DO QUE TRISTEZA NOS MEUS OMBROS, MAIS ESTRADA NO MEU CORAÇÃO DO QUE MEDO NA MINHA CABEÇA."

Frase comumente atribuída a Cora Coralina

Tem momentos na vida em que a gente sente que o amor das pessoas nos carrega além do medo e da incerteza...

Um dos momentos mais angustiantes da minha vida aconteceu em abril de 2020, quando eu estava preso por conta do *lockdown* radical na Índia, em uma clínica de Ayurveda em Hyderaba. Fraco por conta das limitações do isolamento, a minha única chance de voltar ao Brasil era um voo humanitário da embaixada do Brasil, onde eu teria de ter contato com pessoas desconhecidas.

A pandemia matava muitas pessoas ao redor do mundo, mas tão grave quanto isso eram as incertezas, a angústia e o medo de que o mínimo contato poderia causar a morte da pessoa.

Os meus médicos indianos diziam para eu não viajar por ser do grupo de risco e estar muito frágil.

Foi então que eu comecei a compartilhar a minha situação nas *lives* e foi incrível o apoio que eu recebi de tantas pessoas: amigos, alunos, seguidores das redes sociais, muitos dos quais eu não conhecia pessoalmente.

O amor coletivo mais presente que eu recebi na minha vida chegava por meio de mensagens em todos os momentos: via e-mail, *lives*, privado; e em todas elas eu recebia um abraço no coração.

Esse foi um momento em que a frase do apóstolo Paulo, em Coríntios 13.2, mais fez sentido na minha vida: "Ainda que eu tenha o dom de profecia, saiba todos os mistérios e todo o conhecimento e tenha uma fé capaz de mover montanhas, se não tiver amor, nada serei".

A fé na proteção divina, o amor de cada um de vocês e a coragem de agir foram um marco na minha vida; por isso, a presença desses nomes neste livro é uma maneira singela de agradecê-los pelo carinho e pela atenção que eu recebi e recebo de cada um de vocês.

Obrigado do fundo do coração por tudo o que vocês têm feito por mim.

Que Deus sempre me oriente e que eu sempre faça por merecer a sua confiança.

Um abraço carinhoso,
Roberto

Agradecimentos

A. G. Laiana Abadha Abner Olmos Petrich Acacio Rodrigo Dos Reis Silva Acsa Elizabeth Marques Ferreira Acyl Nery Dos Santos Ada Ludmila Canonici Ada Vitória Moraes Da Silva Adair Caetano Adálida Gomes Suassuna Adamastor Adamir Macedo Adao Lucio Gehm Moura Adauri Silveira Adeildo Jose Da Silva Adeilson Armando Adeilze Irene Santos De Assis Adélia Araujo Adelmo Santos Adenilson Bassani Aderaldo Lourenço Da Silva Aderilde Tavares Gomes Adione De Souza Santos Adna Lúcia De Carvalho Adonias Silva Adri Angotti Adri Ima Adri Rovani Adriana Aguiar Gomes Adriana Almeida Adriana Barbosa Rocha De Faria Adriana Barros Adriana Batista Rangel Camacho Adriana Cristina Gilbert Adriana De Lima Espindola Adriana Fausta De Castro Dima Adriana Gimenes Adriana Grando Adriana Jorgge Adriana Kaschinski Guzman Gonzalez Adriana L. Lima Adriana Leandro Adriana Lopes Adriana Lopes Das Neves Adriana Macchia Adriana Mazzoccante Adriana Meira Do Nascimento Adriana Morganti Villa Adriana Muniz Adriana Pardini Vicentini Adriana Rodrigues Cordeiro Adriana Romeiro Fontes Adriana Roveroni Adriana Silva Fagundes Adriana Soares Fernandes Adriana Takada Adriana Tamay Adriana Terra Adriana Toledo Adriana Veríssimo Adriane Barbosa Camargo Adriane Slawski Adriano Antunes Da Costa Adriano Arestides Adriano Cerqueira Dos Santos Adriano César Martins Adriano Francisco Ramos Dos Santos Adriano Freitas De Medeiros Adriano Malta Adriano Rovay Adriano Silva Adriele Freitas Cardoso Adryano Lustoza Adylane Santos Afonso Cesário De Sousa Ágatha Alves De Moura Ágda Máximo Ageu Fidler Agnaldo Olivie Agnes De França Bizerra Agnes Eduarda Ienke Agnes S Bastos Junqueira Águeda Mendes Agueda Wilson Siqueira Aguinaldo Souza Ahmad Serhan Wahbe Junior Aida Ferreira Aidil Castro Ailton Aparicio Kocama Indigena Aione De Souza Santos Aione Santos Akira Nozawa Alaide Pereira Costa Alan Gutuzzo Alan Hideaki Takahashi Alania Patricia Alba Mota Alba Santos Alberto Alberto Bittencourt Alberto Couto Albetiza Borges Alcedir Eusebio Both Alcina Borin Antunes Alcineia Rodrigues Alcione De Souza Santos Aldair Olimpio Aldo G. Queiroz Aldo Maciel Dos Santos Aldo Pacheco Cerejo Aldria Apostolico Ale Boiani Aleandro Eduardo Balzaretti Alessandra Almeida De Souza Alessandra Cabral Alessandra Campos Alessandra Lopes Alessandra Luísa Toledo De Oliveira Alessandra Micaela Alessandra Paschoalino Altran Alessandra Pires Alessandra Regina Brasca Alessandra Ribeiro Sabatini Alessandra Sobral Casorla Alessandra Ueda Alessandra Yuri Tsuruda Hoshi Alessandro Faria Alessandro Gonçalves Alessandro Lopes Alessandro Lozano Alessandro Moreira E Silva Acacio Alessandro Pastorello Alessandro SIlveira Alessia Santos Alex Bertan Alex Fernandes Campos Alex Fernandes Dovae Alex Galdini Silva Alex Limeira Alex Miano Campos Alex R. Queiroz Alex Silva Alexandra Brunetti Ribeiro Alexandra Georges Stavracas Alexandra Teixeira Alexandre Agrelli II Alexandre Algeri Alexandre Andrade Diniz Alexandre Camilo Alexandre César R De Assis Alexandre Pranuvi Alexandre Rojas Alexandre Romero Alexandre Silva Alexandro Magnus Alexandro Simões Da Silva Aléxia Hellen Nogueira Alexsandra M. Bollico Alexsandra Maia Alfeu Cauvé Rost Alfredo Davis N. Lewin Alice Barbosa Alice Estevo Dias Alice Ferraz Lessa Alice Furman Alice Ishizaka Alice Laplaca Alice Peliçanio Alice Rosa Caetano Alice Valle Alicia Brezolin Aline Batista De Oliveira Aline Cardoso Aline Ciriaco Aline De Abreu Nascimento Aline De Lacerda Rios Aline De Negri Silva Aline Dias De Lima Aline Do Ferinhas Aline Duarte Soares Aline Eloá Bueno Figueiredo De Moraes Aline Elstener Aline Faria Carvalho Aline Ferri Aline Kátia Melo Aline Maria Aline Mendes Aline Morandi Aline Pereira Aline Ribeiro Aline Rocha Amuy De Mello Aline Silva De Jesus Aline Silveira Aline Sokolowski Alíria Noronha Allan Dias Dos Santos Allan Rangel Ally Almeida Almir Da Silva Almir Rezende Aloisio Filho Da Dona Nena Alpha Trix Altair Pioli Jr Altielles Fortunato De Freitas Alvair Lirio Barzotto Alvaro Adam Álvaro Escobar Alzenaide Sintra Alzira Kakeya Alzira Miranda Alzira Pires De Miranda Moreira Amada E Guerreira Antônia Gonçalves Amália Apolinário Amanda Barbosa Amanda Borges Amanda Gleice Fernandes Carvalho Amanda Guimarães Amanda Karolini Amanda Lustosa Leite Ribeiro Amanda Miranda Amanda Olievira Lemos Amanda Rodrigues Barbasia Amanda Santana Amanda Silveira Amanda Verneque Amauri Marcos Barra Ferreira Amaury Antonio Monteiro Simoni Américo Silva Amilton Hesmsfoff Ana Alves Ana Araripe Ana Bakos Ana Beatriz De Melo Ana Beatriz G. R. Guimarães Ana Bicalho Ana Carla Clausell Ana Carla Oliveira Garcia Ana Carolina Alves De Lima Oliveira Ana Carolina Da Cunha Ana Carolina Magalhães Ana Carolyna Clini Martiliano Ana Catia Ana Clara Ana Clara Alavarse Ana Clara Barbasia Alavarse Ana Cláudia Barbosa De Medeiros Ana Claudia Carvalho De Morais Ana Cláudia Mattos Ana Claudia Petkevicius Ana Cláudia Zonta Ana Costa Couto Ana Cristina Caroni Averoldi Ana Esther Nogueira Ana Farias Ana Flávia Fahd Ana Glaucia Mendes De Andrade Ana L Almeida Ana Labartin Ana Letícia Pinto Ana Lúcia Ana Lucia Anacleto Silva Ana Lúcia Bahia Ana Lúcia Cavalcanti Ana Lucia Eliza De Neres Ana Lúcia Lima Ana Luísa Cardoso Climaco Ana Luísa Dos Santos Araújo Ana Luisa Fonseca Ana Luisa Hofling-Lima Ana Luiza Ferraz De Paula Lessa Ana Luiza Sotolano Ana Maria Ana Maria Dos Reis Ana Maria F S Pujol Ana Maria Perrone Delphino Ana Maria Ribeiro Ana Maria Seixas Ferreira Ana Maria Soares Ana Marmol Ana Marta Ana Melecardi Ana Mria Seixas Ferreira Ana Paula Araújo Machado Ana Paula Araújo Machado Tanure Ana Paula Azevedo Ana Paula Cabrera Do Amaral Ana Paula Corrêa Ana Paula Da Silva Ana Paula De Oliveira Fagundes Ana Paula Everton De Araújo Ana Paula Manzoni Ana Paula Marcatto Ana Paula Marcolan Ana Paula Marques Rizzi Ana Paula Martins Joazeiro Fenerichi Ana Paula Mutschler Vieira Ana Paula Naglis Ana Paula Oliveira Ana Paula Pereira De Lima Ana Paula Soares Manssini Ana Paula Sprenger Ana Paula Tosetto Ana Paula Vale Ana Pinto Ana Reisky Ana Rita Pansani Ana Rodrigues Ana Romeiro Ana Rosa Ana Soares Ana Teodora De Almeida Chaves Ana Vasconcelos Ana Voluzia Anacreta Vitorasso Anadir Da Costa Analice L Dos Santos Anandeshvarii Ananilha Bastos Alves De Souza Anderson César Anderson Chaurais Anderson Dias Cosmo Anderson Do Prado Pinduca Anderson Matias Soleil Anderson Matsumoto Anderson Ricardo Ribeiro Anderson Silva De Souza Anderson Williams Andre Ágil Sanches Andre Arantes André Augusto Da Silva Nogueira André Cannavaro André Carrijo André Catarino Gomes André De Coimbra André Domingues André Grisard André Guimarães André Juliani Mendes André Lima Andre Luis André Luis Bieger André Luiz Azambuja Fontes André Luiz Crispiniano André Luiz Sodré André Luso Andre Macedo Da Rosa André Marcatto André Melo Andre Mendonça Guimarães André Nunes André Santana André Sauer Andrea Ahernanz Andrea Alves Andréa Aydar Generoso Andrea Barata Andréa Batista Andréa De Vargas Lunardi Andréa Dishtchekenian Andréa França Andrea Gonçalves Andrea Lahoz Andréa Leite Andrea Regina Leite Andrea Ribeiro Csldas Andréa Silvestrim Andréa Teresa Guye Andréa U. Tavares Andreah Mattos Andreas Wiemer Andrei Jose Andréia Araujo Chiovatto De Oliveira Andreia Campos Andréia Da Luz Gil Andreia De Oliveira Barbosa Andreia Dias Andréia Fioravante Andréia Fiuza Andréia Giovelli Andreia Gonzalez Andréia Greghi Costa Zanchet Andreia Oliveira Andréia Oliveira Nascimento Andreia S Costa Andréia Souza Lopes Andréia Trindade Andréia Vernier Andreia Wada Andréiagomes Andressa Brito Andressa Benitz Andressa Do Valle Pires De Oliveira Andressa Guerreiro Andressa Martins Andressa Tsuruda Ikeda Andreya Xanmorya Andreza Carotini De Souza Andreza Santos Andrio Ferreira Andy Davies Ângela Araújo Angela Correia Angela Ledier Ângela Mara Carvalho Angela Mariane De Araújo Silva Angela

Max · Angela Miranda · Angela Nobrega · Angela Piell · Angela Queiroga · Angela Selencovich Padilla · Angela Tereza Lucchesi · Angela Vitelo · Angelica Aparecida Rodrigues · Angélica Bueno · Angélica Morais Da Silva · Angélica Nkyn · Angelice Alves De Barros · Angelita Lisboa · Ângelo Piazza · Angelo Teixeira Brokers · Angenes Ribeiro Dos Santos Nunes Costa · Ani Cketleler Nunes Laurindo · Aninha Carol Tapajós · Anita Garibaldi · Anna Angelina Alves Q. Ramirez · Anna Brisa · Anna Júlia Espernega Santos · Anna Julia Santana Aquino · Anna Soligo · Anne Buss Becker · Anneliese Ritzmann Minella · Anthony Águia · Antonela Wozniak Martinelli · Antônia Campos · Antonia Couto Bessas · Antonia María De Araujo Silva · Antônia Maria Rodrigues Gonçalves · Antonia Mesquita · Antonino Marmo Veiga Filho · Antônio Candiota · Antonio Carlos Dias · Antonio Carlos Teles Cardoso · Antonio Carvalho · Antonio Cordeiro · Antônio Cp Pereira · Antônio Crisomar · Antônio Crisomar S. · Antonio Donizete · Antonio Neves · Antônio Novaes · Antônio Pedro Moura De Oliveira · Antônio Possidonio · Antônio Saraiva Muniz · Antônio Saraiva Muniz Junior · Antônio Vanderlei Dos Santos · Antonio Virgilio Neto · Aparecida Borges · Aparecida Gomes · Aparecida Moura · Aparecido Augusto · Apoliany · Aracele França · Araceli Oliveira · Araci Araujo · Araci Huff · Argene A. Silva · Argos Arashi Yokosawa · Ari Mazzochin · Ariadne Esteves · Ariane L'Amour · Ariane Mayra Cunha · Ariane Rosa · Ariani Ferreira Vitoriano · Ariele Locatelli · Arieli Matias Da Silva · Arilce A. Amorim Silva · Ariovaldo Antonio Averoldi · Ariovaldo Bongiovanni Lopes · Arlane Pereira · Arlinda Flores Coleto · Armando Martins · Arnaldo Dias · Arnaldo Lima · Arnaldo Pereira Logrado Bahia · Arthur da Silva · Arthur Lacerda Arraes · Arthur Lima Monteiro · Arthur Shinyashiki · Artur Henrique Machado Carvalho Dos Santos · Ary Cintra · Aryane Kautnick · Assis Pereira · Ástrid Schein Bender · Athye Sheila · Audrey De Castro Affonso Dos Santos · Augusta Ribeiro · Augusto Chave · Aureloyse Maximo · Auristela Carmelita S. Martello · Aurora Eriko Yokosawa Tsuruda · Auyber Teodoro · Ayrton Rodrigues · Azeir Tachy · Babi Souza · Bárbara De Carvalho Silva · Barbara Gomes · Bárbara Labaig · Barbara Okayama · Bárbara Silva Oliveira · Beatris Frazão · Beatriz Amaral · Beatriz Elena De Moura · Beatriz Martins · Beatriz Possebom Da Silva · Beatriz S Oliveira · Beatriz Santos Martini · Beatriz Vieira · Belkis Silva · Belo Saraiva · Benedicto Trajano Borges Filho · Benedito Bezerra · Ben-Geder Trindade · Benigna Neta · Benileusa Rodrigues · Benjamin Borges Azevedo · Benno Ejnisman · Bento Rochaventurim Guimarães · Berenice da Cruz Pereira · Berenice Lima · Berna Camargo · Bernadete Dorneles De Lima Hermes · Bernardo Brezolin · Bernardo Jean Marie Varriale · Bernardo Souza · Bete Cruz · Bete Komati · Beth Bimbatti · Bianca · Bianca Benemann · Bianca De Freitas · Bianca Fernandes · Bianca Gomes Coelho · Bianca Pompeu Machado · Bibi Da Silva · Bira Cosme · Blanche Marcotriggiani · Boaventura Almeida Mubai · Brena Luli · Brenda Reis Santos · Brigite Elisabet Pollyak · Brüggemann · Bruna Boer · Bruna Fontoura Diniz,Joao Guerino Juliani · Bruna Giroldo · Bruna Koglin Camozzato · Bruna Maisa · Bruna Moreira · Bruna Neves De Paulo · Bruna Penteado · Bruna S Porto Ferreira · Bruna Souza · Bruno Almada · Bruno Braga · Bruno Da Rosa Machado · Bruno De Souza Martins · Bruno Figueiredo · Bruno Saraiva Muniz · Bruno Yukio Ogata · Cabral · Caian Moreira De Souza · Caio Itallo · Caio Mello · Caíque Forti Prudencio · Camila Bernardes · Camila Brezolin · Camila Cândido · Camila Favano · Camila Fernanda De Freitas Angelo · Camila Hannoun · Camila Jacob · Camila Kima Takeda · Camila Mello · Camila Messias Lima · Camila Moraes · Camila Nehme Baldasso · Camila Simoneti · Camila Vilela Oliveira De Amorim · Camila Xavier · Camile Biscola · Camilla C. Lewin · Camilly Rocha · Capa Laranja · Caren Costa Fernandes · Carina · Carina Calesso Gonçalves · Carine Da Costa Alencar · Carine Ferreira Couto Bessas · Carine O Nascimento Mello · Carla Baccelli, Mãe Do Luca · Carla Cristina Albino · Carla M C Prado · Carla Melo Ritondo · Carla Narvaes Ricci Kechfi · Carla Simone Souza Dos Santos · Carla Torres · Carla Vasconcellos · Carla Vignatti · Carlão Vitorino · Carlina Brito · Carline Rangel · Carlinhos Arestides · Carlinhosumolhardiferente · Carlito Davi · Carlos A.S.Godoy Filho · Carlos Adalberto Souza Da Paz · Carlos Alberto D'Andréa Ribeiro · Carlos Alberto Matrone · Carlos Alberto Milani Bertozzi · Carlos Alberto Narciso Junior · Carlos Alberto Quintino · Carlos Alberto Silva De Almeida · Carlos Alberto Vitorino · Carlos Alberto Zurc · Carlos Albino · Carlos Alexandre Constantino Silva Ferreira · Carlos Augusto Mesquita Lopes · Carlos Augusto Paiva Da Silva Martins · Carlos Berzotti · Carlos Bettiati · Carlos Correa · Carlos Cruz · Carlos De Souza · Carlos E Limberti · Carlos Eduardo · Carlos Eduardo Fernandes Farinha · Carlos Eduardo Oliver · Carlos Fausto · Carlos Henrique Camargo · Carlos Henrique Da Matta · Carlos Henrique Faria Silva · Carlos Henrique Sarmento Lessa · Carlos Lima · Carlos P.Boschini · Carlos Pinto · Carlos R. Cabreira · Carlos Rapiso · Carlos Rodrigues · Carlos Rudnei Dutz · Carlos Velasco Fernandes Júnior · Carlos Vicente · Carlos Zeraick · Carmélia Costa Da Silva · Carmen Balhestero > Pax · Carmen Falarini · Carmen Junqueira Gomide · Carmen Lygia Rodrigues Tosta Borges · Carmen Nóbrega Policarpo · Carmen Zacconi · Carmita Paes · Carmosa Souza · Carol Bassani · Carol Brandão · Carol Castro · Carol Castro Ramos · Carol Cippiciani · Carol Magalhães · Carol Mazzochin · Carol Moraes · Carol Shinyashiki · Carol Souza · Carolina Barone · Carolina Greenblat · Carolina Moreira Duarte · Carolina Nascimento · Carolina Pedroni · Carolina Rodrigues-Silveira · Carolina Shiguemoto Novaes · Carolina Vale · Caroline Biscola · Caroline De Barros Amoroso · Caroline Scarcella · Caroline Seripierri · Cassi Madazio · Cassia F. · Cassia Rosa De Santis · Cassian S. F. Da Silva · Cássio Santana · Castilhano alvaro · Catarina Almeida · Catelinede Cassia Ap Telles De Camargo · Cátia Machado De Castro · Cátia Menecatte · Catia Regina · Cauã Henrique · Cauã Miller Da Silva · Cauã Rafael De Lima · Cecilia Borba · Cecilia Garcia · Cecilia Maria De Almeida Pereira · Cecília Moreira · Ceiça Monteiro · Celestino Marques Vieira · Celi Alvares · Célia Almeida · Celia Arcenio De Souza · Célia Diniz · Célia Rubio · Célia Saar · Celina Alves Dos Santos · Celina Okubo · Celio Antunes · Célio Ramos · Celio Sousa · Célio Watanabe · Celisa Carla · Celso Marzano · Celso Niskier · Celso Prada · Ceni Guimarães · Cenilda Mazzucco · Cenira Bandeira · César A. C. Costa · Charles Donada · Charles Dos Santos Moreira · Charles Zamora · Charton Baggio · Chef Wezeri Soares · Cheila Lamour · Cheila Serafini Lamour · Chen S. Hone · Chris Mamede · Chris Nigro · Christian Clayton Da Silva · Christian Mendes · Christina Copelli · Christina Nigro · Chrystal Kasbah · Ciach &Palestrante Maria Da Fé · Cibele Alvarez · Cibele Gomes · Cibely De Paula Moreira · Cícero Venâncio Da Silva · Cida Almeida. · Cida Brunelli · Cida Costa · Cida Gomes · Cida Silveira · Cida Vidon · Cidinha Raiz · Cilene Cardoso · Cilene Rodrigues · Cindia Oliveira Da Silva Lima · Cinthia Aoki · Cinthia Lira · Cinthya · Cinthya M. · Cintia Agelune · Cintia Kirsch Haas · Cíntia Lunetta · Cintia Mara · Cintia Mariano · Cíntia Rodrigues · Cinty Oliver · Cippiciani · Cirlei Moreno · Cládir Weber · Cláison Machado · Clara Sandra De Araujo Silva · Clarice Leaina · Clarissa Brandão · Clarissa Kato Ramalho · Clarissa Medeiros · Claudeci Orsati · Claudemar Sebastião Da Silva · Claudemir Felizardo De Lima · Claudenice Alzeman · Claudia Abreu Borges · Claudia Adam · Claudia Almeida · Claudia André Crescêncio · Cláudia Aquino · Cláudia Cardoso · Cláudia Carrilo · Claudia Cimbleris · Claudia Cipriano · Cláudia Cristinne Fanaia De Almeida Dorst · Claudia De Almeida Silva · Claudia De Maria Dos Santos · Cláudia Debortoli · Claudia Dias Stuart · Cláudia Ferreira Vitoriano · Claudia Franzoi · Claudia Gamez Nuñez Miamura · Claudia Kakunaka · Claudia Lacerda · Claudia Liechavicius · Claudia Maia Homem De Mello · Cláudia Morgado · Claudia Patrícia De Luna · Cláudia Regina Cantuara · Claudia Reis - Em Constante Caminhada. · Claudia Ribeiro Ramos · Claudia Rocha Lopes · Cláudia Rosane Corrêa Da Silva · Claudia S L Rocha · Cláudia Sarmento Lessa · Claudia Smetana · Cláudia Sousa · Claudia Tiveron · Claudia Turatti · Cláudia Veloso Costa · Claudia Wagner · Cláudia Waléria Carvalho Mendes Macena · Claudiana Lira · Claudiani Ribeiro · Claudiene Rocha · Claudinete Claudino · Claudinir De Jesus

Agradecimentos

Martins Pereira Cláudio Apolônio Cláudio Farias Lessa Claudio Guimarães Brandão Claudio Novelli Claudir Luis Mattjie Clauria De Maria Dos Santos Clayton Passos Clayton Ribeiro Da Silva Cléa Matias Ferreira Da Nóbrega Cléa Nunnes Cleber Cruz Filho Cleber Rodrigues Cleide Gontijo Cleide Peixoto Amorin Cleide Theodoro Leme Cleidiana Dos Santos Braga Cleidiane Pereira Cleiton Bispo Clélia Garcia Clemair Kintolf Marcondes Clemente Santos Clenir Lubini Cleo Barros Cleo Dalalio Cléo Oliveira Cleria Gonçalves Vieira Cleusa Vasconcelos Cleusa, A Velhinha Biruta. Cleuza Schinemann Clicéria Kirschke Clisthenes Júnior Clotilde Tonial Clovis Antonio Martins Clóvis Da Silva Ferrão Clóvis De Jesus Conceição Micheli Conceição Oliveira Conceição Perez Maciel Conceição Targino Concy Rezende Conexão Com O Amor. Constança Maria Dos Santos Cordeiro Willian Cordélia Maria Souza Lima Corina Gonçalves Fujisawa Cris Camargo Cris Cendaroglo Cris Correia Cris Da Sazi Cris Lavratti Cris Limongi Cris Macedo Cris Solemar Cris Vitelli Crisleine Brito Cristian Antunes Sousa Cristiana Santos Cristiane Araújo Da Silva Cristiane Bueno Cristiane Cavalcanti Nail Designer Cristiane De Souza Cristiane Dos Santos Rosa Cristiane Frendenberg Cristiane Guerrero Cristiane Marques Soleil Cristiane Mores Cristiane Mörs Cristiane Pereira De Oliveira Cristiane Shima Sakaino Yokosawa Cristiane Simões Cristiane Solemar Gamez Nuñez Cristiano Cabral Da Silva Cristina Aureliano Cristina Biscaia Cristina Cardoso Cristina Coward Primavesi Cristina Da Silva Cristina Diniz Cristina Do Vale Cristina Hori Cristina Nader Cristina Silva. Cristina Telles Cristvao Bastos Cuca Levorato Cynnara Novais Cynthia Aparecida Mayeda Cynthia Fior Cynthia Greiner Dacilene Dos Santos Escorcio Daiana Bressan Daiana Marques Correia Nogueira Daiana Villagra Daiane Vitória Daíse Nunes Daisy Oliveira De Carvalho Dalva Dutra Dalzima Damaris Lima Damiana Carvalho Dani Barini Dani Bessa Dani Seabra Dani Stocco Daniel Amado Zago Daniel Dominguez Daniel Fernando Cruz Daniel Grigolo Daniel Lelis Daniel Pereira Daniel Santos Daniel Valladares Daniela A.V.Pastorello Daniela Blesa Daniela C Oliveira Daniela Da Silva A. Lima Daniela De Andrade Fasano Daniela Dosso Daniela Gariani Mamed Daniela Kabilio Daniela Keiko Jaffane Daniela Moraes Daniela Nolasco Bastos Vilaça De Resende Daniela Renzo Daniela Tavares Daniele Marques De Oliveira Daniele Rodrigues Daniele S C Cunha Danieli From Daniella Cavalcanti Daniella Laviola Danielle Albuquerque Danielle Alves Danielle Araújo Danielle Bella Danielle De Norões Mota Danielle Iglesias Danielle Leonel Danielle Pereira Neris Danielli Faria Danilce Pereira Danilo Cruvinel Ribeiro Danilo Scorselino Danilo Tradição Dannilo Santiago De Queiroz Lima Dany Barros Dany Sousa Dany Sousa Jr Danyele Darci Otoboni Cintra Darcio Sapupo Dária Luiza Binotti Ferreira Lima Dario Novaes Daví Alves - Mande In Retiro Davi Carvalho Davi Carvalho Fernandes Campos Davi De Jesus Dos Santos Souza Davi Dionisio Bento Davi Jonas Davi Levi Davi Ribeiro Girardi Davi Sebastião Da Silva Fonseca Davi Silva Davi Wish David Mattos Dávila Dias Dayana Assis Dayana Cristina Santos Gregório Dayane Felix Dayse Moreira Daysebosco. Sabará Debbye Reys Débora B. Jorge Débora Boscato Débora Carvalho De Oliveira Débora Ernest Debora Letícia De Oliveira Souza Débora Maia Débora Marília Fernandes De Mattos Débora Moreira Delgado Débora Prestes Débora Regina Correia Debora S. Deborah Paixao Deborah Pepi Deborah Veloso De Pontes Decio Luiz Constante De Moraes Deisy Souza Deividiane Lopes Ribeiro Deivity Almeida Delci Eliane Schneiders Klein Delvani Gerez Robles Demétrio Vitcov Júnior Demilton Ferreire Denice Serra Denis Ferreira Evaristo Denis Roberto Silva Denise C. Miranda Borges Denise Camargo Denise Costa Denise Domiciano Denise Engel Denise F. Do Nascimento Denise Grigolão Denise Malfatti Denise Maria Reis Fonseca Denise Maria Trintadue Denise Marques Denise Moyano Denise Noah Denise Repecka Denise Sanches Denise Strapazon Crispiniano Denize Kirchof Denize Ribeiro De Almeida Huang Denner Gomes Dennis Penna Deriene Elvis Dérik Moreira Da Silva Derlange Sousa Derson Monteiro Nascimento. Deuse Mantovani Deusiel Dias Dhouglas Luiz Laurentino Di Carlo Diácono Hermano Fonseca Diana Ceolin Diana Cordeiro Diana Monteiro Diana Neves Diana Piazza Dickson Sousa Diego Amaral Dalla Casa Diego Campos Alves Diego Carmona Diego Farias Sousa Diego Martins Diego Menezes Diego Poltronieri Dija Oliveira Dilney De Campos Dilson Campos Ribeiro Dina Augusto Diná Bastos Uma Mulher De Coragem. Dinah Potyra Dinalúcia Ferraz Dinawany Campinho Diocicley Diogenes Araujo Diógenes Cutrim Diogo Mantovani Diogo Melecardi Sampaio Diogo Teixeira Diogo Tsuruda Dionata Souza Dioneli Andrade Dionisio Alberto Dirce Bueno Dirce Fachi Dirceu Pereira Diva Gonçalves Diva Joaquim Marques Divina Franco Lohn Divino Matias Djanira Bezerra Dome Frascino Domenique Guimarães Frascino Domingos Sávio Zainaghi Dominique Magalhães Dominique Nunes Donizeti Esperança Doraci Da Silva Doreane Silva Dóris Monteiro Dornelas Flavio Doroty Francisca Rocco Doug Moraes Douglas Biasotto Douglas De Matteu Douglas Marques Douglas Nascimento Douglas Souza Douglas Uzun Douglas Varela Drielly Prims Drika Nascimento Duanne Braga Ribeiro Duda Alves Duda Escobar Durvalino Poderoso Dyane Almeida Dyego Baleeiro Ebiron Augusto Dos Santos Ed Carlos Figueiredo Edelgir Junior Edenilza Maria Oliveira Eder Coimbra Eder De Sousa Éder Martins Da Silva Éder Pavão Éder Salles Edgar Canenga Rodrigues Edgard Giorgi Ediane Hupalo Ediely Máxima Edilaine Freitas Edilene Silva De Siqueira Edileusa Santana Edileuza Pagangrizo Edilson Cravo Edilson Nery Barbosa Edina Quissini Edinamar Teixeira Edinho Raysaro Edisantos Amorim Edison Marques Edith De Cássia Da Silva Lemos Edjane De Melo Edla Ribeiro Andrade Edmilson Custódio Salgado Edmilson Soares Edmilson Veiga Edmir Kuazaqui Edna Amaral Edna Amorim Edna Benevides Edna Iurk Edna Kagohara Edna Lemes Edna Paixão Edna Pires Edna Xavier Ednacy Cavalcante Ednailma Miranda Ednaldo Ribeiro Ednalva Almeida Ednalva Duarte Almeida Ednêi Júnior Ednéia Gabriel Edneide Maria De Oliveira Lins Edney Da Silva Benayon Ednilson Aparecido Barbasia Ednilson Bueno Ednilson Rodrugues Edsi Leonardo Soares Edson Alves Edson Barbosa Romeiro Edson E Andrea Arita Edson Linhares. Edson Mangefesti Franco Edson Roberto Barbasia Edson Santos Edson Toshio Nakagawa Tobias Da Silva Edu Livre Edu Valente Eduacadora Física Edinamar Teixeira Eduarda Maria Paixão Menelau Eduarda Mourão Eduardo Andrade Diniz Eduardo Antunes Da Costa Eduardo Boufleur Eduardo Constancio Eduardo Estanislau Eduardo Gomes De Araujo Eduardo Ignacio Eduardo Jorge Alves Ribeiro Eduardo Leme De Queiroz Alves Eduardo Marcelino Eduardo Mazzucco Cividini Eduardo Santos Alavarse Eduardo Shinyashiki Eduardo Vastos Eduardo Viana Edvaldo P.Lima Egnalos Artini Êidi Motta Cardoso Eitiene R. Pinto Elaine C J Santos Elaine Cavalheiro Elaine Cristina Carvalhaes Silva Elaine Ferreira Dos Santos Elaine Lima Elaine Maria Lopes Elaine Martins Elaine Ouros Ga Elaine Ribeiro Elaine Silva Elaine Vanessa De Souza Elanir A Pinto De Souza Elany De Sousa Mares Elayne Meirelles Elba Graciana Elciane Alexandra De Lima França Elcilia Paulinelli Elcio Pinheir Elda Tolintino Eldes Saullo Eldio Junior Elena Matiko Nishino Eleni Efcarpidis Eleni Moreira Gomes Elenilson Pires Elenir Campos De Oliveira Santiago Elenira Fatima Alves Elenise Nunes Fragoso Colletti Elenita Eli Dutra Eli Evers Eli Martins Da Silva Eliabe Gonçalves Eliana Bruno Eliana Campano Eliana Cristina Rosa Eliana Finarde Eliana Kobayashi Eliana Marcelina De Souza Oliveira Eliana Nascimento Eliana Santos Barroso - Psicóloga. Eliana Tiemi Eliana Vanessa Veloso Da Silva Eliana, Vencendo Barreiras Eliandra Santos Eliane Almeida Eliane Aparecida Sooma Laurelli Eliane Campelo Eliane Claudia Scatolin Farina Eliane da Paz Eliane Da Silva De Morais Eliane Encinas

Gonzalez Eliane Flores Flores Eliane Gonzaga De Abreu Eliane Leão Pantoja Eliane Lentini Eliane Liotti Eliane Maria Da Silva Eliane Muquiutti Eliane Tacila Da Costa Eliane Vaszkievicz Elias De Oliveira Elias De Oliveira Junior Elias Fernandes Elias Rocha Eliciane Azevedo Elida Ferreira Elidio Delgado Ama Eliel Ramos Elielitania Morais Elienai Cropolato. Eliene Eliene Carvalho Eliene Cristina De Souza Eliete Gaspar Lemos Brancato Eliete Perez Lopes Elìna Borges Elinar Duque Abreu Elio Moreto Elio Paes Elipérsida Candotto Elirio Gootar Elirio Gottardo O Iluminado Elis Busanello Elis Cole Elis Dayana Elisa Castelão Souza Elisa Do Carmo Teixeira De Almeida De Souza Elisa Izumi M Torres Elisa Lacal Elisa Toda Elisa Vitória De Oliveira Elisabete Alves Rosa Elisabete Rueda Elisabete S. Neumann Elisabete Siqueira Elisabete Tieko Ieda Elisair Pagangrizo Elisair Pagangrizo Martins Elisandra Lúcia Heming Elisângela Borges Elisangela Bortoletti De Oliveira Elisângela Fróis Elisângela Garcia Alfonso Elisângela Gonçalves Elisângela Lima Elisângela Rodrigues Elisângela Roma Elisangela Vanessa Alavarse Barbasia Elisângela Veras Eliza Christie Schumacher Gorges De Almeida Eliza Miyashiro Elizabete Lima Elizabete Oliveira Elizabete Varela Valim Elizabeth Azevedo Elizabeth Crespo Elizabeth Grando Miranda Elizabeth Manhães Ribeiro Elizabeth Neves Da Cunha Rodrigues Elizáira Lima Elizama Mendes Elizandra Ap. Bivanco Mendes Elizângela Brito Elizete Montalvão Elizeu Marcondes Elke Nogueira Ellen Camacho Ellen Holosback Ellen Melchíades Ellen Rocha Ellen Tremura Elma Lopes Eloá Corrêa Castelo Branco Eloá Cossa Eloir Fátima Gritti Eloísa De Godoi Eloisa Macaro 'A Guerreira' Eloisa Matsuuchi Eloísa Prado Eloisa Ramos Eloni José Salvi Elson Elton Lopes Elvis Edilson Da Silva Elvis Leal Elvis Silva Ely Antonio Mascia Neto Elza Maria Miranda Silveira Elza Maria Vieira Elza Oruê Lachi Elza Testa Emanoel Christian Puhl Dos Santos Emanuel Marcilio Emanuel Paes Emanuela Rovesti Krieger Emanuelle Laurindo Brito Emerson Berti Emerson Lopes Emerson Pinheiro Emerson Robles De Lima Emerson Rodrigues Emiko Cowam Cohatu Emile Ventriglio Emilene Matos Emilia A Freitas Emília Bezerra Barreto Emília Celso Emilia Ciarlini Emília Moraes Emília Nikuma Emília Protasio Emilio Joaquim da Costa Emilly Souza Burgel Enéas Moraes Eneida Gomes Enia Albernaz Enio Ribeiro Enisa Ramos Eny Caetano Enzo Callegari Eraldo Vasconcelos Dos Santos Erberson Sousa Eric Hirata Eric Miguel Erica Galdino Alexandre Erica Góis Cavalcante Erica Gonçalves De Souza Érica Jesus Érica Lá Lastra Érica Maria Ferreira De Oliveira Erick Fernandes Erick Lohann Ericson Alves Ericson Tanaka Érida Correa Erika Badra Muniz Erika Boromello Erika C F B Botelho Erika Cristina Freitas De Lima Erika Guerra Erika Karpuk Erika Kelly Erika Kodama Erika Kodjaian Erika Mitiko Sakai Erika Navegantes Erika Obteszczak Erika Roberta Erika Silva Quintão Erika Yaguinuma Erlon Souza Santos Ernani Freitas Pena Eros Souza Ervin Costa Ery Koga Escobar Eshilei Camila Alves Esli Ferreira Esperança Ester Correia Dos Santos Ester Geronimo Ester Lorrany Carvalho Sousa Ester Nascimento Esterlane Maciel De Souza Gonçalves Estêvão Ribeiro Franco Etihane Alves De Lira Eufrázio Costa Eugenia Figueiredo Eunice Ferreira Martins De Mariana Eunice Floriano Da Silva Eunice Paz Euricelia Cardoso Euridan Pinheiro Euripedes Ulisses Euripedes Ullysses De Spuza Eva Carla Eva Gomes Duarte Eva LIma Evaldo Catador Evana Carla Coelho Evane Maria Teixeira De Almeida Cordeiro Evanea Scopel Eveline S. Silva Evelyn Kivitz Everton Anholão Everton Costa Everton Emígdio Everton Lima Everton Luis De Souza Marsola Evikson Alves Dos Santos Évila Santana Ewerton Gb Expedito Da Silva Santos Ezaú Florentino Matias Ezequias Almeida Ferré Fabi A. Fabi Dias Fabi Nader Fabi Passarin Fabi Tófani Fabiana Amorim Fabiana Chaia Fabiana De Moura E Costa Fabiana Godeck Fabiana Lopes El Sarraf Cavalli Fabiana M M Brum Fabiana Neves M. Dos Santos Fabiana Paladino Barbasia Fabiana Pereira Fabiana Peres Rozenberg Fabiana Rabello Fabiana Santiago Fabiana Schafer Simon Fabiana Tenório Cavalcanti Fabiana Thomazetti Orlando Fabiana Vallim Fabiane Heinrich Fabiane Soaress Fabiano Klempler Fabiano Mildner Fabiano Seixas Fabiano Vettorazzi Fabio A. Gasparini Fabio Chalela Fábio De Souza Silva Fábio Diniz Fabio dos Santos Fabio Fernado Pereira Fábio Ferro Fabio Figueiredo Fábio Gonçalves De Oliveira Fábio Marques Fabio Martins Bianco Fábio Melo Silva Fábio P De Melo Fábio Parijós Fábio Rosário Fábio S. Souza Fábio Seixas Fábio Vidotti Fábio Vieira Páscoa Fabiola Ferreira Freitas Fabiola Sarcinella Fabrícia Ferreira Fabrícia Rosa Berto Mózerle Fabricio Vilarim Fanny Barroso Fátima A Santos Rovêa Fátima Aparecida Da Silva Fatima Costa Fátima Cruz Fátima Gehlen Fátima Reis Fátima Santos Fausto De Castro Nunes Fê Boutros Feliciano Cristão Felipe Andrelo Felipe Antunes Pinhelli De Oliveira Felipe Dellabarba Felipe Madruga Vedoin Felipe Rossi Felipe Rossi. Felipe Savoy Felipe Zagalo Felipe Zomer Da Silveira Félix, Mônica Andréa Fernanda Amaro Fernanda Antunes Da Costa Fernanda Arias Fernanda Baptista Fernanda C Damasceno Fernanda Costa Fernanda Galvão Fernanda Gomes De Oliveira Fernanda Macedo Bomfim Fernanda Maeda Toma Fernanda Marques Grande Fernanda Masuko Fernanda Netto Fernanda Petry Fernanda Pontoni Fernanda Rinco Fernanda Sato Fernanda Sbrussi Fernanda Souza Carlos Fernanda T T Borges Fernanda Thiesen Fernanda Uma Barrense Fernanda Valin Fernanda Wagner Fredo Dos Santos Fernando Barra Fernando Camargo Soares Neto Fernando César Alves De Miranda Fernando De Maria Dos Santos Fernando De Oliveira Lopes Assunção Fernando Eduardo Da Silva Fernando Komorowski Fernando Magaldi Fernando Manuel De Matos Cruz Fernando Mari Fernando Patricio Fernando Rocha Fernando Santiago Da Silva Fernando Silva Fernando Souza Filipe Carvalho Burgos Fillip Valentim Flavia Bataglia Flávia Bernardi Flávia Costa Flavia Dullino Flávia Guerra Flávia Krupp Flávia Lima Flavia Magalhães Flávia Renata Parente Da Silva Flaviana Chiappetta Flávio Brito Dos Santos Ferroviário Cptm Flávio Graça Flavio Koike Flávio Martino Flavio Ricci Flavio Sapucaia Flavio Valente Franciele Do Rocio Rocha Martins Franciele Donaidi Francielen Menezes Francielie Dal Bem Franciene Pedroso Francine Salles Francis Fernandes Francis Roberto Francisca Alves De Sousa. Francisca Batista De Sá Francisca Lima Francisca Rodrigues Cabral Lima Franciscarlos Santana Dourado Francisco Adaubergues Nobre Nogueira Francisco C Barbosa De Sousa Francisco Feitosa De C.Freitas Francisco H. Schork Francisco Lopes Da Silva. Francisco Melo Francisco P Gomes Francisco Rivaldo Francisco Romano Francisco Sena Francisco Victoria Francisco Vilella Françoise Camargo Francy Cruz Francyne Elias-Piera Frank Faro Franklin Pereira Machado Fredy Galnares Gabi Bonet Gabriel Abech Gabriel De Castro Souza Gabriel Dória Mendes Da Costa Gabriel Faleiros Gabriel Paladino Barbasia Gabriel Pereira Menezes Gabriel Santos Araújosl Gabriel Sérgio De Assis Gabriel Suassuna Amorim Gabriel Tsujiguchi Gabriela Cortes Auache Pereira Gabriela Curtiz Gabriela Do Carmo Gabriela Lorenzoni Gabriela Machado Gabriela Machado Carvalho Dos Santos Gabriela Pagotto Gabriela Rafael De Lima Gabriella Florêncio Gabrielle Duarte Gabrielle Jordano Gaúcho Waldir Antoio Heck Gean Moreira Jr Geda Valentim Geice Camargo Geneci G Bezerra Geni Nizete De Souza Chaves Genivaldo Do Espirito Santo Bonfim Georgia Rocha Venturim Guimarães Georgia Valério Georgiana Motta Costa Geralda Cristina Balbino Geraldo Barbosa Geraldo Faria De Paula Geraldo Marques De Oliveira Geraldo Neto Geraldo Roque De Oliveira Gerda Almeida Gerlandia Xavier Lima Germano Sousa Gso Gérsio Tadeu Gerson Ricardo Garcia Gerson Santos Gessica Pinheiro Gessyane Seno Getúlia Dantas Getulio A.Maciel Filho Geyson Magalhães De Oliveira Geyza Leyde Camello Lustosa Gi Guedes Gicelli Paixão Gideonir Andrade Gigliola Baldessari Gihh Gadelhaa Gil Paixão Gilber Flech Gilber Vieira Da Silva Gilberto De

Agradecimentos

Lucas Maceno   Gilberto Dias Da Costa   Gilberto Meirelles Miranda Filho   Gilberto Rodrigues   Gilberto Rodrigues Da Silva   Gilberto Shinyashiki   Gilberto Souza   Gilce De Abreu Santos   Gilcéa De Queiroz   Gildene Pulquerio Ribeiro   Gildeone Henrique Da Silva   Gildevan Estrela Dantas   Giliardi Silva   Gilmar Mariano Da Silva   Gilmar Passos   Gilmario Marcos   Gilnei Pacheco Ribeiro   Gilsa De Oliveira Mendonça   Gilson J.F Santos   Gilvanete Pereira   Gilvania Alves De Paiva   Ginho Albuquerque   Gino De Bosco Rosa Santos   Giovana Schumacher Gorges De Almeida   Giovani Frontino De Aguiar   Geremias   Giovanna Moura   Giovanna Raysaro   Giovanna Rodrigues Barbasia   Girlene Alves   Gisara De Mattos Leão   Giselda Angélica Garcia   Gisele Casado   Gisele De B. Santato   Gisele Dezincourt   Gisele Dieder   Gisele Duarte Siqueira   Gisele Eleres   Gisele G.   Gisele Mara   Gisele Mendes Nunes Mentora   Gisele Scalco Sutil   Gisele Scalco Sutil, Escritora E Jornalista   Gisele V.   Giselle Camargo   Giselle Estefano   Giselle Oliveira Da Silva   Giselle Rodrigues   Giselle Stefani   Giselle Stefano   Gislaine Couto   Gislaine Fernandes Magalhães   Gislene Marques   Gislene V.   Gisley Pepice   Gisley Viana   Gisele Marostega   Glauba Caula Barros   Glauce Cordeiro   Glauce Thais De Castro   Glauci Patrícia   Gláucia Angélica Gomes De Melo E Silva   Gláucia Mistretta   Glaucia Vargas   Glauciane Catanho   Glauco Silva   Gledson Fonseca   Gleice Louise   Gleice S Moreira   Gleide Lins   Glenda Roberta   Gleybe Melo   Gleydson I.   Gloria Maria Leite   Glucio Tadeu Costa Oliveira   Graça Brasil   Graca Diniz   Graca Marinho.   Graça Morato   Grace Yooko Suwa   Graciana Aparecida Dionizio   Graciely Carvalho   Gracy Arantes   Grasi Pimentel   Grasiela Martins   Grasielle Cristina Lana   Grazi Goya   Grazi Ribeiro   Graziela Goya   Graziela Miranda De Andrade   Graziele Branchi   Grazyella Silva E Silva   Grédista Maria Ferreira De Oliveira   Guadalupe Gascon   Guga Marques   Gui Coser   Guilherme Cayres   Guilherme Costa   Guilherme Fonseca Muricy   Guilherme Matoso   Guilherme Romano Boer   Guilherme Souza Burgel   Guilherme Takeda   Guilherme Vanoni   Guilhermedos Santos Félix   Guiomar Cristina Willig   Guiomar Willig   Gustavo Arger   Gustavo Cabral   Gustavo Couto   Gustavo Dayrell   Gustavo Dellabarba   Gustavo Johnny Roland   Gustavo Pereira Dantas   Gustavo Rocha   Gutho Barreto   Guto Loureiro   H. Ricken   Haine Beck   Hainê De B. Silvester   Halandre Ribeiro Barboza   Halison Marques   Hamilton C. Azevedo Jr   Hamilton Viana   Hamurabi Messeder   Hanna Calderaro   Hanor Santos   Hariane Jor   Haroldo Calderaro   Harue Ishizaka   Ciarlini   Heitor Borella   Helbert R M Costa   Hélcio F. Lopes   Hélcio Miyazawa   Heldy Cardoso   Helen Cristina Wozniak   Helen Forgach   Helena Couto Bessas   Helena J. R. Rech   Hélio Alves   Hélio Matias De Paulo Júnior   Hélio Rodrigues   Helison Luis Wozniak   Hellen Cristine   Heloiza Ronzani   Helton Antonio Ribeiro   Helton Cruz Dos Santos   Helvis Ribeiro De Carvalho   Helysson Franca   Helysson França   Henrique Buarque   Henrique Corvelo   Henrique Farias   Henrique Tremura   Herbert Nascimento Da Silva   Herika Tanaka   Herlani Moorea.Paiva   Herminia Fernandes Campos   Hevelin De J. Pereira   Hilton Castro   Hirbis Girolli   Hoji Guimarães   Honglatth Kenia Siqueira Futura Escritora   Hugo Henrique Satierf Brito   Hugo Kleber Magalhães Lourenço   Hugo Satierf Brito   Humberto Yoshiakki Coga   Iago Cerqueira Leal Dos Santos   Iaire Novais   Ian Berto Silva Pereira   Ian Oliveira   Iara Cristina De Bona Bragagnolo Barbosa   Iara De Almeida   Iara Werner Kolling   Ideilza Mendes Ferreira   Idiana Amaral   Ieda Cardoso V. Santos   Ieda Maria Fagundes Zanolla   Ieda Maria Salvi   Iene Vieira Cabral Wegner   Ignez Ditzel   Igor Leão   Igor Lima   Igor Pagangrizo Martins   Igor Veríssimo Da Silva   Ilan Haim Benchimol Dos Reis Conte   Ilania Dias   Ilfa Maria Hermes   Iliana Canoff   Ilka Coelho   Inácio Ciê Gomes   Inácio Junqueira   Inaelma Negrão   Inaiá Santos   India Mara Ferreira Dangui   Ines Coleti Oliveira Martins   Inês Cristina De Queiroz   Ingrid Maiara Da Silva Rosa Presley   Ingrid Marques   Iornise Correa Dias   Iran Schueler Piazza   Irana Assis Da Luz E Souza   Irani Dias   Irene Donato   Irene Franco   Ireno Ribeiro   Iria De F F Silva   Iria Ff Silva   Irineu Cábral   Irineu Fernandes Da Silva   Irinha Costa Dorneles   Iris De Cássia   Íris Pagangrizo   Irlen Benchimol   Irlen Leal Benchimol   Ironete Amancio Da Silva   Isa Piá De Andrade   Isa Salazar   Isabel Aguiar Ribeiro   Isabel Conceição Da Silva   Isabel Correia   Isabel Costa   Isabel Cristina Araujo Cabrera Teixeira   Isabel Cristina Bampi   Isabel Cristina Bortolotti Tadeu   Isabel Cristina De Freitas Ribeiro   Isabel D'Angelo   Isabel Kemper   Isabel Pedroso   Isabel Quatio .   Isabel Romualdo   Isabel Vieira   Isabel Wagner   Isabele Domingues Schlossmacher   Isabella Christine Correia Alves   Isabella Cosso Neves   Isadora Nunes   Isaque Roberto   Isaque Roberto Da Silva   Ísis Borges   Isis Kassandra Silva   Ismene Braz Soares   Itatiaia Lellis Schaun   Iuri Guilherme Psicólogo   Iury Melo   Ivan De Souza   Ivan Lima   Ivan Nunes   Ivan S. S. Roland   Ivan Teixeira   Ivana Santos   Ivani Ap. Ferreira Da Silva   Ivanilda N.Guimarães   Ivanildes Oliveira Da Silva   Ivanildo Ferreira   Ivanir Ciechanowski   Ive Camanducci   Ivelise Kraide Alves   Ivone Gonçalves   Ivone Leme   Ivone Marleth Silva De Souza Maximin   Ivonete Costa   Ivonete Mota   Izabel Cristina Marcomini   Izabel Dias   Izabel Paulina   Izabel Rodrigues   Izabelle Guimarães   Izabelly Macêdo   Izaias Pereira - Pr   Izaura Fernanda De Almeida   Izaura Ferreira   J A Tozzi   J. Martins Leal   J. R. R. Abrahão   J.P Sales   Jackeline De Oliveira   Jackson Fonseca Rocha   Jackson Satoyiro   Jacktotem   Jacquè Garcez   Jacqueline Andrade   Jacqueline Brito   Jacqueline Ferraz   Jacqueline Figueiredo   Jacqueline Ludwig   Jacqueline Oliveira   Jacyara Aparecida Rodrigues De Paula   Jaelson Nazário   Jaime Amorim   Jaime Max Porto Dos Santos   Jaime Zimmer   Jaíne Santos Ferreira   Jair De Almeida   Jairo Antonio Sabatini   Jairo De Freitas Ribeiro   Jalme Pereira   Jamais , Fernanda Bubulla   James Hitoshi Hosoume   James Martins   Jamília Elias Piera Quer   Jamille   Jana Lopes   Janaina Azevedo   Janaína De Azevedo Pereira   Janaína Policarpo   Janaína S Calderon   Janaína Santos Figueiredo   Janara Gomes   Jandaraci Araujo   Jandira Rocha   Jane Freitas Ribeiro   Jane Mary A.Malaguti   Jane Roberta Guarnieri   Jane Santos   Janete De Oliveira Lopes   Janete Kamradt   Janete Silva   Janice Silva   Janilda Soalheiro   Janina Sobral De Rezende   Janis Almeida   Janis Alves De Souza   Janisse Dos Santos   Janne Monteiro   Jansen De Carvalho Lopes   Jaque Carvalho   Jaqueline Bastos Cavalleiro   Jaqueline Burgarelli   Jaqueline Ceres   Jaqueline Flores   Jaqueline Kamphorst Leal   Jaqueline Miranda Lameu   Jaqueline Nieto   Jaqueline Rolim   Jean Carlos Morais Da Rocha   Jean Pierre Fonseca   Jean Soldi Esteves   Jeanderlan De Oliveira Moreira   Jeane De Souza   Jeane Marie Rocha   Jeanne Lima   Jeferson César Souza Lima   Jefferson Roberto   Jeniffer Maria   Jerônimo Nobreza   Jerusa Bela   Jerusa Mayer   Jessebelo Ribeiro   Jessiane Rios   Jéssica Alves Ferreira   Jéssica Erzinger   Jéssica Freitas Campos   Jéssica Oliveira   Jéssica Thaís Nunes Santa Rita Rocha   Jessika Kamila Svistum   Jesus Carlos Da Silva   Jhoe Wolfart   Jhonis   Jhovana   Joacylanny Silva Araújo   Joalvenir Winckler Da Silveira   Joan Silva   Joana   Joana Brescancini   Joana Lima   Joana Moraes   Joana Santana Moreira Neves   Joanan Alves De Assis   Joane Covatti   Joanilson B. Santos   Joanilson Barbosa Dos Santos   João A Ramos De Oliveira   João Antonio Bauer   Joao Barbosa Junior   Joao Batista   Joao Batista Bezerra Da Silva   João Batista Costa   João Batista Gadotti   João Batista Ribeiro Da Silva   João Borges Junior   João Bôsco   João Carlos De Pellegrin De Souza   João Carlos Lubisco   João Daniel Rodrigues Costa   João David Cortes Auache Pereira   João De Barros   Joao Favato   João Felipe Dos Santos Fredo   Joao Gabriel Barreto   João Jorge   João Jorge Nogueira   João Leonardo Vieira Neto   João Luis Sandri   João Luiz Boti Piazentin   João Moretti   João Néder Neto   João Oliveira   João Paulo Diniz   João Pinheiro   João Pugine Filho   João Rafael Lisboa   João Saci   João Vitor Altoé   João Vitor Da Silva Barbosa   Joaquim Fagundes   Joaquim Nobre   Joé Anisio Cechet   Joeci Telles Wozniak   Joel Da Silva Reis   Joel Donizetti   Joel Freitas Serra   Joelcy Castilho   Joelia Souto   Joelma Cristina Coimbra Campos   Joice Henz   Jonas Jensen   Jônattas Da Silva Barbosa   Jone Silva   Jones D' Arques De Souza   Jones Mair Pontes Silveira   Jones P. Da Silva E Nathalia R. Pinheiro Da Silva.   Jonilson Laudelino Evangelista Da Silva Felizardo   Jonilson Marcel

186

S. Anelli Jonnas Lima Jordana Thiago Jorge Abech Jorge Amaral Jorge Cabuçu Jorge Carlos Jorge Daniel Diaz Lemos Jorge Kiyuna Jorge Luiz Dos Santos Jorge Maurício Black Jorge Pétrus Jortoun Chamaniego Petrarca Josana Carla Da Conceição Josana De Jesus José Ailton Da Silva Jose Alves Jose Alves Da Silva José Antônio Araujo Jose Antônio Carvalho Sampaio José Antonio De Oliveira José Arnaldo Gomes De Brito Júnior José Boff José Carlos De Freitas Jose Carlos Nery Santos José Carlos Neves Da Silva José Claudio Da Silva Junior José Côrte Real Coelho José Da Silva Peixoto Neto José De Paula José Dimas Da Cunha Viana José Flávio Guerra Júnior José Hiran Um Lutador José Luiz Carvalho Batista José Luiz Fontes José Luiz Tejon José Marcelo José Maria Da Costa. Jose Mariano De Jesus José Moraes Júnior José Nei Cardinal Côrtes José Neto (Meu Filho) Autista, Asperger José Nilton Santos Do Carmo José Pedro De Assis Arantes José Pela Neto José Perini José Renato R Galente José Ribamar Botão França José Ricardo Agliardi Silveira José Roberto Barbasia José Roberto De Souza José Roberto Lins De Araújo Jose Robeto Moreno José Rodrigo José Ronaldo Rodrigues José Rosendo José Rubens Pereira Lima Jose Rufino De Souza Junior José Sebastião Ramos De Araújo José Sérgio Gomes Jose Silva José Wilson Rocco Machado José Zago Joseane Faria Astério Joseane Santos Almeida Joseanny Nicolussi Josefa Eneide Vanderlei Silva Josefa Eunice Silva Josefa Santos Josefina Dos Santos Josefina Iurd Joseila Alves Josélia Goulart Joselita Firmino Da Silva Josely Galhardi Da Rocha Talarito Josemar Figueiredo Josete Santos Josi Garcia Jôsi Sýmao Josiana Andraus Josiana Bezerra Josiana Calado Josiane Doniseti Gonçalves Da Silva Josiane Filgueiras Josie Antonio Josiele De Paula Josimaber Rezende Josimarab Josmar S.Silva Josué Souza Torres Josy Andrade Josy Fontinele Josy Santos Futura Palestrante Joyce Guaranha Joyce Santoro Joyce Stéfany Jozeilson Souza Filho Ju Delacosta Juana De Arco Matias Juanita Juatel Becker Jucelita Iracema Stachak Ribeiro Judson José Ferreira Julia Julia Duarte Júlia Frazão Júlia Leipner De Oliveira Pacheco Julia Pierri Julia Priscila Ferraz Pepes Juliana A. Duque Juliana Da Silva Souza Juliana De Almeida Sá Melo Juliana De Oliveira Juliana Ferreira Da Silva Juliana Fowler Juliana Furucho Juliana Gontijo Juliana Ishihara Juliana Linares Juliana Maria Felix De Lima Juliana Mimura Juliana Os Juliana Perrone Delphino Anastacio Juliana Shikanai Juliana Simões Juliana Soares Juliana Souza Juliana Souza Pires Juliana Takahashi Barbosa Juliana Teixeira Juliana Torres Advogada Verde Juliana Woll Leite Juliane Nascimento Peres Juliane Ribas Juliano Dal-Bó Forte Juliano Pires Juliany Reis Juliete Araujo Lima Julio Angelini Júlio Borella Júlio César Nascimento Santos Julio Cesar Vieira Júlio Cezar Lima Da Silva Julio Gondim Julio Rissoli Julius Othero Jullyana Kelce Rodrigues Lopes Lemos Juma Dias Juninho Deusemi Juninho Maza Junnior J. Juraci Aparecida Ripabello Juraci Huff Goulart Jurema Martins Lucas Jurema Silva Rabelo Jusciana Regina Jussana Vanderlei Jussara Nunes Dalvit Jussiani Jesus Jussier Ailton Da Silva Juvenal Júlio Ricardo Vigário E Júdice O Alquimista Da Sabedoria Kaiser Paiva Kaoru Bruno Karen Luana Figueira Dos Santos Karen Lucia Borges De Oliveira Santos Karin T. Iwashita Takahashi Karina De Freitas Karina Lesch Karina Pomponet Karina Segatelli Karine Hickmann Karine Resende Karineli Suzan Campos Karla A. Karla Rezende Azuirson Karla Rezende Cavalcanti Karla Rodrigues Ferreira Karla Yaraldi Araujo Karoline Mendes Karolliny Soares Karyne Santiago Karyny Macellaro Kassia Cocco Katia Adriana Kátia Adriana Maukoski Katia Aleixo Kátia Azzoni Kátia Bueno Kátia Cristina Dos Santos Katia Cristina Vitoriano Bezerra Katia De Oliveira Neres Kátia Decursi Katia Harumi Kadoia Katia Harumi Nikuma Katia Lika T. Nishi Kátia Macedo Katia Martins Valente Kátia Moraes De Barros Kátia Mukai Katia Nassuno Katia Oliveira Kátia Pelegrino Sellin Kátia Roel Katiúscia Carla Dapont Tischer Katya Mourthé Kayolane Apolinario Kayon Matheus De França Wanderley Keiho Jerson Yokota Keila Belo Keila Freire Keila M. Martins Keila Mara Menezes Keila Nogueira Nast Keila Teixeira Keitiane Kaefer Kelen Kaliane Matias Cavalcante Keliane Pinheiro Keliane Rodrigues De Oliveira Kelimabel Pinheiro Kelly Barcelos Kelly Cristina Ferreira Kelly Gil Kelly Morais Kelly Rosa Silva Rafael Kelly Tsuji Kenji R. Kennya Pimentel Kennya Rocha Kenzo Gabriel Takeda Kethelyn Eduarda Santos Pimenta Ketlen Braga Keyla Lima Kildare Morato Kim Galvão Kim Liechavicius Galvão Kitty Carmona Kleber, Augusto E Sophia Kobayashi Kristthyanny Denisieski Laércio Nascimento Laerte Faria Diniz Neto Lagertha R. Lainne Romeiro Lais Duarte Laís Helena Pinheiro Lima Laís Lima Laize De Barros Lan Palma Lana Maria Pereira Da Silva Lanay Lando Bonfim Lanusia Vasconcelos Soares Lara Denise Basso Lara Emanueli Neiva De Sousa Lara Regina Demarco Larissa Krizonoski Cescon Larissa Kummel Larissa Lopes Larissa Marins Neute Larissa Narita Larissa R C De Menezes Larissa Soares Reis Larisse Kellen Damasceno Laucilene Laudelina Ferreira Laura Borges Laura Ludviger Laureni De Almeida Laurita Ferla Castegnaro Laury Maria Vieira Costa Lavínia Nascimento Lucas Layane Souza Layanny Melo Laysse Souza Léa Márcia Cardoso Léa Oliveira Barros Leandra Biaggi Leandro A B De Brum Leandro Cássio Bastos Vilaça De Resende Leandro Correa Martins Leandro De Souza Pujol Leandro Digmark Leandro Galles Leandro Graff E Araújo Leandro Luiz Leandro Mamede Leandro Pujol Leandro Resende Leandro Silva Leandro Sousa Leci Lopes Leda Miranda Léia Corrêa Léia Leal Leide Silva Leidiane Ribeiro Leila Castro Leila Diniz Andrade Leila Mazzochin Leila Mothé Leila Nascimento Leilane Guis Taborda Leiris Fernandes Leily Regina Lena Andrea Muniz Lene Resieri Leni Tomázia Carneiro Lenira De Lima Alves Lenise Silva Lenise V. Leo Bueno Léo Motta Léo Silva Leocádio Leoci J Corteletti Leonardo Diniz Lacerda Dos Santos Leonardo Dos Santos Gadelha Leonardo Guimarães Leonardo Lottèria Leonardo Rios Leonardo Sarmento Leonardo Silva Leonarth Piancó Leonice Caliman Leonice Martins Sapucaia Letícia Letícia Amado Pacheco Leticia Bassani Machado Leticia Beninca Leticia Condutta Letícia Dias Leticia Escorcio De Araujo Leticia Maria N S Zeraick Letícia Maria Tosta Letícia Marinhuk Leticia Moreira Santana Lêude Santana Li Fischer Personal Coach Lia Amorelli Lia Araujo Silva Lia Conceição Liane Bastos Landim Efcarpidis Liane Rosa Dias Lícia Lanusa De Souza Silva Lídia Maria Da Silva Lídia Maria Gomes Gonçalves Lidia Marques Lídia Perruci Lidiane Lima Lidiane Machado Liduina Souza Lidy Rosa Lígia Dantas Lígia Maria De Souza Lins Monteiro Ligia Padua Lígia Ribeiro Dantas Likko Nunes Lilian Araujo Lilian Cristina Cabbao Lilian Fernandes Carneiro Lilian Kaliaki Lilian Marcondes Hardet Lilian Mércia Cardoso Furlaneto Lilian Nox Liliane Liliane Braga Liliane Guerreiro Liliane Mattoso Liliane Serbinenko Liliani Duarte Da Brahma Kumaris Lillian Ferreira Lillian Mayre Do Nascimento Lina Chang Lina Nogueira Linconl Johnson Linda Corrêa Lindalva Corrêa Lindi Santos Liormenia Pereira Barbosa Lis Escarelli Lisa Burke Lisa Tanimari Lisete Pedroso Li-T'Sui Marrero Lívia Maria Ribeiro Gonçalves Lívia Mariani Martins Livia Reis Livia Saddi Lizete Camargo Lizete Guerra Lizete Ricci Lizew Canedo Lorena Lacerda Freire Lorena Martins Cruz Lourdes Chagas Lourdes Chicaroni Lourdes De Fátima Oliveira Lourdes Eyko Tsujiguchi De Souza Lourdes Ganzeli Lourdes Silva Lourdinha Lira Lourenço Canoff Lourenço Mascarenhas Lourival Batista Tomenota Lousiane Ismael De Bulhões Lu Altavista Lu Criguer Lu Viganó Luan Willian Luana Luana Estela De Queiroz Luana Farias Luana Ferreira Luana Ganzert Luana Grasieli Schulz Luana Rolim Guimarães Luana Romariz Luanna Cleia Gorges De Almeida Lucas Lucas Alexandre Barquette Lucas Almeida Lucas D. Lucas De Jesus Soares Lucas Domir Lucas França Lucas Garcia Lucas Gomes Lucas Henrique Do Nascimento Lucas Lisboa Lucas Luz Lucas Lyra Lucas Marcondes Hardet Lucas Martins Lucas

Agradecimentos

Miranda · Lucas Nunes Assunção · Lucas Oliveira De Souza · Lucas Quadros · Lucca Freire · Lucca Liechavicius Freire · Luccas Cintra · Luceleni A Coradini · Luci Adão · Luci Perez · Lúcia Amaral · Lúcia Barbosa · Lucia Carminatti · Lúcia Helena Arruda Moraes · Lucia Helena Cordeiro · Lúcia Helena Dos Santos · Lúcia Maria Cabral Da M. Figueira · Lucia Riche · Lúcia Seixas · Lúcia Silva · Lúcia Vidoto · Lucia Wanderley · Lucia Ximena Rodriguez · Luciana Almeida · Luciana Amaral · Luciana Araújo Carneiro · Luciana Bittencourt · Luciana César De Lima · Luciana Cristina Trevizanutto · Luciana Da Silva Rezende · Luciana Duarte Nishikawa · Luciana Escudeiro Sipula · Luciana F De Araujo · Luciana Fernandes Meireles · Luciana Guimarães · Luciana Hori · Luciana Lessa Machado · Luciana Lopes · Luciana Martins Lemes · Luciana Melo Padilha · Luciana Mendonça · Luciana Mussini · Luciana Muzzi · Luciana Owam Cohatu · Luciana Owam Cohatu Hong · Luciana Régis · Luciana Scavassa · Luciana Senra · Luciana Soares · Luciana Torquatto · Luciana Valentim · Luciana Watanabe · Luciana Xavier · Luciane Bento · Luciane Correa · Luciane Klein · Luciane Lousano Pimentel · Luciane Maria Gonçalves Perpétuo · Luciane Pimentel · Luciane Regis Laraia · Luciane Santos · Luciane Segarra · Luciane Vieira · Luciane Wendel · Luciano · Luciano Balula · Luciano Birthy · Luciano Livercio Ártico · Luciano Marzo Berquist · Luciano Mendonça · Luciano Monteiro · Luciano Neriah · Luciano Oliveira Gusmão · Luciano Santos · Luciano Sgrinier · Luciene Luiza De Melo · Luciene Moscatelo · Luciene Souza · Lucila Garcia · Lucilene Dal Prá Lazzarotti · Lucilene Kina · Lucilene Nascimento · Lucimar De Melo. · Lucimara Inácio · Lucimary Pereira · Lucimeia Leal · Lucineide · Lucineide D Rodrigues · Lucinha Silveira · Lucy Alquinas Borges · Lucy Bernardo · Lucy Mari Tsunematsu · Lucymara Prado Costa · Lucymara Ribeiro · Ludimila Luci Da Silva Barbosa · Ludmila Coelho · Ludmila Silva · Ludmilla Santana · Ludmilla Silveira De Almeida · Ludmylla Crystie · Lueci Alves Martins · Luirce Vieira · Luís Antônio Ferla Castegnaro · Luis Carlos · Luis Crocodilo · Luís Eduardo Coimbra Tavares · Luis Fabiano Beskow · Luis Fernandes Vieira · Luis Fontes · Luis Fretas · Luís Gonzaga · Luís Miguel Oliveira · Luis Yamada · Luisa Boschini · Luisa Moretti · Luiz Albuquerque · Luiz Antônio Bronislawski · Luiz Antonio Ercoles, Contador/Professor · Luiz Burei · Luiz Carlos Camargo · Luiz Carlos Delphino · Luiz Carlos Vernilo · Luiz Chalola · Luiz Côrte Real Coelho · Luiz Felipe · Luiz Felipe Daltro Gouté · Luiz Fernando Coelho. · Luiz Filipi · Luiz Gustavo Massaiolli Cordeiro · Luiz Gustavo Vidal De Souza · Luiz Moraes Coelho · Luiz Pereira Dias · Luiz Rafael De Morais · Luiz Ronaldo Carbonera Garcia · Luiza Angêlica Freire · Luiza Linda · Luiza Monteiro · Luzia De Amorim · Luzia Haruko Ishizaka · Luzia Ivanete De Oliveira · Luzia Reury · Luziane Santos · Luzilene Ripardo · Luzimar Barbalho Da Silva · Luzz Barretto · Lydia Geny Moraes Ferreira · Lyz Silva · M. Tokunaga · Mabel Schleder · Maciel Martinelli · Maclesi Resinas Incriveis · Madalena Ribeiro · Mady Paula · Mafalda Tokunaga · Magda Raia · Magda Velkof · Magda Vinhosa · Mágico Hugo Moraes · Magna Soares · Magno Costa · Maiara Peres · Mailza Jesus Nascimento · Mairla da Silva Paz · Maisé Guerra · Maitê Dubeau · Malu Marques · Mami Seguchi · Manfio Fernando · Manoel Avelino Dos Santos · Manoel Brezolin · Manoel De Lima · Manoel Marques · Manoela Diniz Pimpão · Manoella Gissi · Manuel Fernandes B Filho · Manuela De Carvalho Souza · Manuela Jabar · Mara Aquino Prado · Mara Cardoso Machado · Mara Catarina Mesquita Lopes Leite · Mara Ribeiro · Marama Cardoso · Marayna Sophia Gomes Dos Santos · Marcela Cau · Marcela Elisa Jacob De Paula · Marcela Godoy · Marcela Toledo · Marcele De Freitas · Marcele Torres · Marcélia Fernandes · Marcella Freitas · Marcella Rasera · Marcelle Sarmento Patrone · Marcellino · Marcello Acerbi · Marcello Tadashi Kato · Marcelo Almeida · Marcelo Amancio Santos · Marcelo Antunes S. De Andrade · Marcelo Burgo · Marcelo Chocolate Gonçalves · Marcelo Da Silva Florentino · Marcelo De Santis · Marcelo F. Kiska Dos Santos · Marcelo Ferreira · Marcelo Ferreira Cabral · Marcelo Gabriel · Marcelo Galvão · Marcelo Gonçalves · Marcelo José Telles De Camargo · Marcelo Levi Da Silva · Marcelo Lincoln Evangelista · Marcelo Magrini · Marcelo Marden Lima De Oliveira · Marcelo Mathias Santos · Marcelo Mendonca da Fontoura · Marcelo Messeder · Marcelo Perez · Marcelo Piera Quer · Marcelo Pires Barboza · Marcelo Sheepfyeld · Marcelo Souza · Marcelo Tadashi Kato · Marcelo Wiltgen De Almeida · Marcia Bellisi Bellentani · Marcia Biscola · Márcia Bolivar · Márcia Cades Goulart · Márcia Canullo Ribeiro · Marcia Cleide · Márcia Cristina Ribeiro Sobrinho Gomes · Marcia Cristina Sisi · Márcia De Paoli E Wagner Bennaton · Márcia Dias · Márcia Duarte Ramos · Marcia F. · Márcia Góes · Marcia Lima · Márcia Luna · Marcia M. Broglia Fontes · Márcia Mafra · Marcia Mathias · Márcia Midon · Márcia Nélia Garcia. · Márcia Nogueira · Márcia P Silva · Marcia Pereira Cardoso · Marcia Poletto · Marcia Regina Ferreira Dos Santos · Marcia Regina Wansovicz · Marcia Reis · Marcia Rolim · Marcia Saad · Marcia Silva · Marcia Tiago De Sá · Márcia Valeria · Marcia Verrone · Marcial Ribeiro · Marciano Carlos Dos Santos · Marciele Gibbert · Marcielly Dayane S.Santos Pavoski · Marcilene Almeida · Marcinha Oliveira · Marcinha Rosana · Marcio Akira Ogura · Márcio Aparecido Dos Santos · Marcio C Da Cruz · Márcio C. Lewin · Marcio De Queiroz Elias · Márcio Dias O Persistente. · Márcio Dias: Persistente · Marcio Giovanni Silva · Marcio José Da Costa · Márcio Lima · Marcio Lopes Arruda · Marcio Marcelo Munhoz · Márcio Martins · Marcio Monteiro Lobato · Márcio Roberto Terto Da Costa · Márcio Viegas · Marcione Bichara · Marco A. Duboc · Marco A. Gioso · Marco Antonio Gioso · Marco Antônio Pereira · Marco Barcellos · Marco Coelho · Marconi Azevedo Gonçalves · Marcos Alberto Ribeiro Soares · Marcos Alexandre De Oliveira · Marcos Antonio Ferreira Dos Santos · Marcos Antonio Ribeiro Canuto · Marcos Aparecido De Souza · Marcos Araújo · Marcos Assis · Marcos Aurélio Albino · Marcos Benutto · Marcos Daniel Da Silva Junior · Marcos De Almeida Pernambuco Neto · Marcos Fortes Cataldo · Marcos Gennaro · Marcos Gustavo Almada Almerão · Marcos Iglesias · Marcos Jose Santos Da Silva · Marcos Lima De Araujo · Marcos Mota De Vasconcelos · Marcos Paulo De Almeida Santos · Marcos Pereira Da Silva · Marcos Roberto Dias Lino · Marcos Sartori · Marcos Tadeu Cardoso · Marcos Thadeu Piffer · Marcos Zekcer · Marcos. V. Ferreira · Marcus Augusto · Marcus Fleury · Marcus Sinji Doi · Marcus Vinícius · Marcus Vinicius Fonseca Silva · Marcus Vinicius Freire · Marcus Vinicius Pereira Lima · Marcus Welb Durval · Margarete VIeira · Margareth Erendira A. De Farias · Margarida Miyagusiku · Mari Brandão · Mari Mascarenhas · Mari Scomparin · Mari Sousa · Maria A Araújo Fernandes Martins · Maria Adélia Filadelfo Teixeira Silva · Maria Alice · Maria Alice Aguiar Manara · Maria Altina De Farias · Maria Andrade · Maria Angélica · Maria Angélica Henrique D. Paulino · Maria Angelica Nunes · Maria Anielly Silva · Maria Antônia Baron Martins Dos Reis · Maria Aparecida · Maria Aparecida De Almeida Silva · Maria Aparecida De Souza Borges · Maria Aparecida Rodegheri · Maria Aparecida S.Assen · Maria Arminda Correia · Maria Augusta De Freitas · Maria Az · Maria Candida De Oliveira Souza · Maria Carolina Barone Oliveira · Maria Carolina Palmieri · Maria Cecília Martins Fidelis - Sinop/Mt · Maria Clara · Maria Clara Câmera · Maria Claudia Cestari · Maria Claudia Leite · Maria Cláudia Sousa · Maria Cleusa · Maria Cristina Bohnen · Maria Cristina Borges · Maria Cristina Da Silva Maciel · Maria Cristina D'Aguila Goulart · Maria Cristina Dos Santos · Maria Cristina Lorini · Maria Cristina Orcelli · Maria Cristina T. Ferreira · Maria Da Conceição Costa Ribeiro · Maria Da Conceição Pereira Da Silva · Maria Da Fé · Maria Da Gloria Gomes De Melo · Maria Da Penha Costa · Maria Da Soledade Rolim · María Das Graças · Maria De Carvalho · Maria De Fátima De Paulo · Maria De Lourdea Chocarpno · Maria De Lourdes · Maria De Lourdes Chicaroni · Maria De Lourdes F. Laviola · Maria De Oliveira Vaz Dos Santos · Maria Do Carmo Da Silva Morais · Maria Do Socorro Negreiros Soares · Maria Dolores Puhl Dos Santos · María Dos Anjos De Oliveira · Maria Eduarda · Maria Eduarda De Almeida Barbosa · Maria Eduarda De Sousa Barreto · Maria Eduarda Dos Santos Martins · Maria Eduarda Lima · Maria Elaine Ferreira Timóteo · Maria Elena Miranda De Lima · Maria Elivete · Maria Elizângela Silva Oliveira · Maria Emilia Gadelha

Serra · Maria Emilia Lima · Maria Emília Santanna Moraes E Sousa · Maria Ester Novais Toledo · Maria Eunice Borges Malta · Maria Furtado · Maria Graça Caltabiano De Faria · Maria Helena Alves · Maria Hosana Ribeiro · Maria Imaculda N.De Siqueira · Maria Inês Bertoldi · Maria Iolanda Albertino · Maria Iza De Norões Mota · Maria José André · Maria José De Moura Lilla · Maria Jose Gonçalves Nunes · Maria Lúcia Araujo Silva Benez · Maria Lúcia Rodrigues · Maria Luisa · Maria Luiza · Maria Manuela Afonso De Almeida · Maria Marcia Cleide Ramos Da Silva · Maria Margarida Andrade Diniz · Maria Nisia Araujo · Maria Nubia Botelho · Maria Odete Mansur Melo · Maria Renata Dos Reis Silva · Maria Rosa Morandi · Maria Rosa Palermo · Maria Rosileide Da Silva · Maria Rosimar da Silva · Maria Sanderly · Maria Semilda Da Cunha Reinert · Maria Shinyashiki · Maria Soares Cardoso Silva · Maria Stringhini · Maria Suely Dias Kzan De Lima · Maria Telma Borges Antunes · Maria Tereza S. Andre · Maria Terezinha Telles Ferreira · Maria Vanuza Gonçalves Moreira · Maria Vasconcelos · Maria Vitoria Balbino · Maria Yara Dos Santos Blanco · Maria Zuleide D Cordeiro · Mariah Martins · Mariana Amaral · Mariana Bonnás · Mariana Candiota · Mariana De Souza Pujol · Mariana Do Val Pires · Mariana Farias · Mariana Giunta · Mariana Hein · Mariana Nassuno Alves · Mariana Nastasi · Mariana Ramacciotti · Mariana Ritter · Mariana Veiga · Mariane Cristine Tokarski · Mariangela Leonel Barbosa · Marianna Rodrigues Santos · Mariano · Mariano Nascimento · Maricelia L. · Maricleia De Bitencourt · Maricleia Pires · Mariel Alves · Marietto Harumi · Marild Alves · Marilda Dourado · Marilda Zadulski · Maríleia Wilke · Marilena Aparecida Rodrigues · Marilena Guida Gil · Marilene Bezerra Mendes · Marilene Mattia · Marília C C Silva · Marília Costa · Marília Pedroso Xavier · Marilton Gomes · Mariluce Nicolau De Sá · Marilyn Acras · Marina Adátti · Marina Andréa Prem Ramani · Marina Bender · Marina Couto · Marina Ferrari · Marina Gentil · Marina Lliete Bergenthal · Marina Umezaki · Marinalva Moraes Dos Santos · Marinalva Ribeiro Tolentino · Marinês Candiota · Marinês Zancanaro · Marinete Rocha · Marinette Ribeiro Barbosa · Marinha Xavier · Mário Fernando De Barros · Mario I. · Mario Mariano Machado · Mário Robson Lima · Mário Veterinário · Maris Cerqueira · Marisa Ailin Hong · Marisa Amaral · Marisa Bisquolo · Marisa Ferreira De Souza · Marisa Fortes · Marisa Santos · Marisane Gomes · Marisele Pereira Velasques · Maristania Braga · Maristela Ribeiro · Maristella Shiomi · Marisy Idalino · Marita De Dirceu · Marivaldo Santos Souza · Marivel Duncan · Mariza Cristina Hilário De Oliveira Santeli · Mariza de Jesus · Mariza Magrani · Marizete Barbosa · Marizete Sampaio · Marizete Vieira · Marlene Borderes · Marlene Da Costa Fernandes · Marlene F · Marlene Faria · Marlene Monteiro · Marlene Parisi · Marlene Santana · Marlene Talia · Marlene Teixeira Dos Santos · Marlene Veiga Espósito · Marlenesposito · Marleth Cardia · Marli Irgang Gonzaga · Marli Rodrigues · Marli Valentim · Marlise Barros · Marlize Baierle · Marlon Cleiton Gross · Marlon Tirosh · Marlu Simis · Marly Araújo · Marly Farah · Marly Mara · Marly Petrykowski · Marly Teles Ribeiro · Marly Vaz · Marly Vitta Barros · Marta Alvarenga · Marta Amaral · Marta Cassiano · Marta Fonseca Da Rosa · Marta Isabel Da Silva Neto. · Marta Martosa · Martha · Martina Oliveira · Martins S. · Mary Amaral Taveira · Mary Elbe · Mary Tavares De Bessas · Marynês Meirelles · Maryvan Rossi · Massaiolli Cordeiro · Mateus De Caires · Mateus Rocha Venturim Guimarães · Mateus Rodrigues Hassan · Matheus Lacerda Arraes · Matheus Marques Da Silva · Matheus Santos · Matilde Villardi · Maura C. V. · Maura Gusmão · Mauricio Benvenutru · Maurício Dumke · Maurício Freitas · Maurício Grandi · Maurício Júlio · Maurício Lombardi · Maurício Morais · Mauricio Pelario · Mauricio Ribas · Mauro Amorelli · Mauro Diego S. Siqueira · Mauro Segarra · Mauro Tsuruda · Max Xavier · Mayara Oliveira · Mayara Ramalho Cassone · Maycon Jefferson · Maycon Lima · Mayke Albuquerque · Maze Guerreira · Meire Cristina Bitolo Lazzarini · Meire Ferraz De Toledo Elias · Meire Goya Okamoto · Meire Maciel · Meire Pecoraro · Mel Christofoletti · Mel Paccola · Mel Valentini · Melissa Nascimento Machado Da Silva · Melissa Padovez Gancev · Melissa Viana · Meng Tsai · Mercedes Lopes Sevilha · Mercês Maia · Meriellen Monteiro · Messias Sousa Azevedo · Meykell Lamberty Cruvinel · Micaela G. · Micaela Gonçalves Diaz · Micaelly Martins · Michael Von Der Gathen · Michel Mandelman · Michele Ammorim · Michele Budziak · Michele Camilo · Michele Costa · Michele Da Mata · Michele Elizandro · Michele Fp · Michelle Andreza · Michelle Carvalho · Michelle Cristiane De Souza Moreira · Michelle Dominique Faia Da Silva · Michelle Ferrarezi · Michelle Lapa Cortegiano Molarino · Michelle Monturil · Michelle Ota · Michelle Ramires · Michelli Cavalcante Mendes · Mick Castro · Miguel Chibani · Miguel Ferrari Jr · Miguel Ostoja · Mike Jucas · Mila Poci · Milda Starosky Piazza · Milena Beatrice · Milena Galvão · Milena Marchesi · Mili Delboni · Miller Oliveira Mendonça · Miller Welian Hong Lo · Milrianie Rodrigues · Milton Gobbo · Milton Mussini · Mione de Almeida · Miríades Meire Ferreira De Albuquerque · Miriam Barros Silveira · Míriam Cristina Zaidan Mota · Miriam De Almeida Pinheiro · Miriam Dossena · Miriam Martins Mazzonetto · Miriam Onisto · Miriam Sayuri Fernandes · Mirian Campos · Mirian Martins Rodrigues Da Silva · Mirian Reiko De Uberlândia · Mirian Ribeiro Marques · Mirian Wagner · Miriane Paulino Bamberg De Noronha · Mirthes Ueda · Mirthis Macêdo · Mirtys De Lima · Mirvaine Grosselle · Misa Pereira · Misael Pereira · Mitchell Fernandes · Mizael De Paula Souza · Moisés Da Silva Barbosa · Moisés Messias Da Silva · Monica Alves Da Silva Hannes · Monica Bennaton · Mônica Cristiane Crispim · Monica De Souza Bomfim Pinheiro · Monica Eliana · Mônica Fabiani De Oliveira · Mônica Gleib · Mônica Graton · Monica Lima De Freitas · Mônica Maria Sarmento Lessa · Monica Motta · Mônica Rodrigues · Monica Santos · Monica Tannos · Monica Trancoso · Murilo Bezerra De Neres · Murilo Bueno Florencio · Murilo Moraes · Myriam Montanari · Myrle Braun · Naandyson Silva · Nádia Paixão · Nadir Hallgren · Nadja Maria Peixoto Oliveira · Nadja Pimentel · Nadja Regina V. Cavalcante Carvalho · Nágela Alves Levak · Nahyara E. · Nair Dos Santos Machado · Nair Mesquita Wendt · Naira Sobrinho · Naira Valentim · Naitan De Freitas · Naldo Davi De Oliveira · Naldo Rodryguez · Namíbia Larchert · Namy Osabe · Nancielen Kruczewski · Nancy Gomes De Aquino · Naor Sampaio Jr. · Nara Domingues Moraes · Nara Schütz · Nara Sthefania Tedesco · Narla Mykaelle · Nas Folhas Finais · Natacha Bolorino · Natalgenio Feitosa · Natália Alves De Lima Ferreira · Natália B.Vieira · Natália Cintra, Luiz Henrique Cintra E Luiz Gustavo Cintra · Natália Escritora Paes · Natalia Mendes Roberto Silva · Natália Santos De Andrade · Natan Zekcer · Natanael É O Nata · Natanael Porquerio Da Silva Halbant · Nathália B. M. Dantas · Nathalia F. De Castro · Nathalia F. Lima · Nathan Santos · Naura Balata · Nazaré Lira · Nazaré Sanches · Neci Tavares Da Silva · Neemias M. · Nei Santos · Neide De Morais Albino · Neide M.A. Martins · Neide Moura · Neide Nunes Da Mota · Neide Santos · Neide Xavier · Neidfe Nunes Da Mota · Neil Oliveira · Neila Myrria · Neila Saar · Neiva Santi · Neiva Wachter · Neiva Zanella · Nelci Martins · Nelci Souza · Nelcy Maria Koppe · Neli Eva Moreira · Neli Ferreira. · Nelinilce Rodrigues · Nelino Azevedo De Mendonça · Nelson De Borba Lopes · Nelson Diniz Velasco · Nelson Duarte · Nelson Freire · Nelson Guaranha · Nelson Sedano · Nelson Sheiji Kawakami · Nelson Tavares Rodrigues · Nena Rodrigues · Nena Voight · Nercina · Neres Amorim · Neucilene Tersi Lucas · Neullen Gama · Neumann Varela · Neusa Cornélio Vicente · Neusa Pandolfo · Neuton Moreira · Ney Borges · Nice De Lima · Nice Terni · Nick Loureirich · Nicolas De Souza Ferreira · Nicoli Tatiane Da Silva Andrade · Nicolle · Nil Lima · Nilce Leide · Nilsa Ferronato Coser · Nilsa Gomide · Nilsimar Vieira Rodrigues · Nilson Antonio Bessas · Nilson Perinazzo Machado · Nilton Bienemann · Nilton Silvva Dos Santos/ Escritor · Nilza Lara · Nilzete De Deus · Nivaldo Mota · Nivaldo Pinheiro Procave · Noah Perrone Anastacio · Noel Da Costa · Noeli Canoff · Noely Aires Cunha · Noemi Ribeiro Sabatini · Noêmia Alves · Noêmia De Moraes Leite · Norberto Bruno Worobeizyk · Noritomi · Norma Debeuz · O Luciano Neute · Odacir Danelli · Odair Da Silva Machado · Odali T. Debortoli · Odete De O. Amorim · Odete Dias Pelaipe · Odir Martins · Oki Nilton · Olga Gomes Borges · Olinda

Agradecimentos

Mierro Omar Mufarrej Onelia Farias Onivaldo Teixeira Bonfim Ordali Sebastião Pereira Orestes Debossan Júnior Orides Rodrigues Da Silva Orlando Vargas Orlene Locatelli Ormezinda Martins, Zynda Oseas Rodrigues Dos Santos Osiel Medeiros Osivan Mello Oslange Menezes Osmar Martins Osni Júnior Osvaldo Bicego Junior Osvaldo Casonato Aragol Osvaldo Dos Santos Osvaldo Gonzaga Oswaldo Ramos Otacilio Martins De Sousa Otavio Leal Dhyan Prem Otávio Ribeiro Otilia De Andrade Otoniel Pablo Do Vale Pablo Silva Padre Ivanilton Silva Padre Sandro Santos Paixão Lima Paloma Damasceno Paloma Lisboa Paloma Satierf Brito Paltiel Ferreira Paola Mingardo Pastor Ricardo Ferreira Pastor Roberto Fernandes Pastora Pamela Ebert Pati Carvalho Patricia A Santos Patricia Allevato Patricia Altavista Patricia Amorim Herrmann Patrícia Anselmo Da Silva Patrícia Araújo Da Silva Patrícia Belo Patrícia Bezerra Patrícia Camargo De Souza Patrícia Da Costa Gadotti Patrícia Emanuelle Viviani De Carvalho Mourad Patricia Ferreira Patrícia Gervasoni Patrícia Gírio Matos Patrícia Izabel Alves De Lacerda Patrícia J. Sena L. Martins Patrícia Maria Ribeiro Patrícia Marson Stein Gomes Patrícia Mendes Patricia Muritiba Patricia Neves Patrícia Nogueira Grossl Patrícia Pascolati Patricia Prante Machado Patricia Rizzo Credidio Patrícia Rosa Doce Meireles Patrícia S. C. Abreu Patricia Teles Patricia Veridiana Monteiro Patrick Burke Patrick Cohen Pattricia Fléuri Patty Medeiros Paty Barbosa Paula Brajão Pavão Paula Fabricia Campos Paula Ferrari Paula Gama Santis Paula Ingridh Paula Maciel- Atman Jacy Paula Martins Paula Nascimento Paula Nicola Paula Ordonhez Rigato Paula Tatiane Caldovino Paulina Corbeli Peron Paulinha Sanches Paulo Albeny Paulo Alberto De Oliveira Rockenbach Paulo Antônio De Morais Paulo Bezerra Dos Santos Paulo Bomfim Paulo Cesar Paulo César Paulo Cezar Miranda Paulo Couto Paulo Dos Santos Paulo Eustáquio De Magalhães Junior Paulo Joel Vedana Paulo Junior Yokosawa Paulo Mateus Paulo Mateus Erlo Paulo Mauricio Martins Paulo Novaes Paulo Preto Paulo Real Paulo Ricardo Diniz Paulo Ricardo T Meinicke Paulo Richard Drechsler Paulo Roberto Paulo Roberto Mocelin Paulo Sergio Marquezini Paulo Silva Paulo Voltolino Paulo Zatti Pedrinho Renzi Poeta Pedro Augusto Auache Pereira Pedro Chiavegato Pedro Emanuel Alves Souza Pedro Ferreira Da Silva Dos Santos Pedro Ivan A. De Oliveira Pedro Ivo Viana Moura Pedro Lichtnow Pedro Magalhães Marques Pedro Paulo De Aquino Neto Pedro Queiroz Pedro Raysaro Pedro Sasaki Pedro Valdir Silvano Pedro Vicente Veiga Esposito Pedro Walter Júlio Jr Penha Maria Pepeto Carneiro Péricles Palmeira Peterson Andrade Franco Peterson Ramos Petrônio Tavares Pietra Victória Pio Nunes Da Silva Neto Plinio Figueiredo Neto Poca Bradley Poliana Poliana Silva De Souza Pollyannna Martins Jubé Nickerson Da Cruz Polyana Balducci Prem Mukti Mayi Pricila Gavioli Priscila Priscila Agostinho Uski Priscila Alejandra Guevara Bustamante Priscila Antunes Priscila Borrello Priscila C. Lewin Priscila Cardoso Priscila Correa Priscila Da Silveira Fornazier Priscila Dockhom Priscila Fabiola Priscila Ferreira Rodrigues Priscila Kakizaki Priscila M Gomes Coelho Priscila Mandú Priscila P. Priscila Pedretti Priscila Pieper Priscila Sousa De Oliveira Priscilla Manuela Balestreri Priscilla Tesser Reuter Priscyla Monteiro Soucha Priscyla Napoli Viana Queila Ferreira De Oliveira Lima Queila Lima Quezia Orro Rachel Cabral Rafa Amellero Rafa Araújo Rafa Smassom Rafael Rafael Aguiar Rafael Couto Melsert Rafael Damasceno Rafael E. Reinhardt Pereira Rafael Fraga Rafael Francatto Assunção Rafael Jun Mabe Rafael Mastroto Rafael Migowski Rafael Nunes De Maio Rafael Perrone Delphino Rafael Pinter Rafael Podolano Rafael Queiroz Rafael Rossetto Rafael Träsel Rafael V. Santos Rafaela Caire De Oliveira Rafaela Freitas Rafaela Martins Raianny Gomes De Freitas Da Silva Railda Barbosa Railda De Paula Raimundo Nonato Vieira Da Silva Raka Ninja Ramani Meira Ramilson Coelho De Carvalho Ramilson Fernandes Ramon Barros Comunicador Ramon Brezolin Rangel Lima Raniele Raphael Garcia Raphael Maia Raquel Araujo S . Raysaro Raquel Araujo Silva Rayzaro Raquel Cavalcanti Ramos Raquel Cíntia Barros Costa Raquel D Carvalho Raquel D. Borghetti Raquel De Faria Saturnino Raquel Gomes Pereira Raquel Leão Raquel Poloni Raquel S Henriques Raquel Santana Raquel Taumaturgo Brito Raquel Taveira Raquel Viotti Raul Mesquita Lopes Rayane Araújo Rebeca Marques Pinho Silva Rebeca Prado Recordaçoes De Sandra Haleplian Regiane Brito Regiane Cristina Galdini Silva Regiane De Cássia Machado Regiane Faria Ribeiro Regiane Nesi Nunes Regiane Rodrigues Regiane Silva De Freitas Regide Andrade Silva Regina Aparecida De Melo Fraga Regina Araujo Silva Regina Berard Regina Celi Gomes Lourenço Regina Célia Santos Regina Hagemann Regina Helena Gomes Regina Lima Regina Lucena Regina Oliveira Regina Otake Regina Souza Regina Steinas Regis Ferreira Regis Leal Régis Stein Regis Takahashi Regis Theobaldo Reckziegel Reinaldo De Lima Reinaldo Zanetti Rejane Crestani Rejane Peixoto Rejane Villas Boas Tavares Corrêa Renan Brezolin Renan Caruso Renan Dos Santos Albino Renan Massaro Renan Patrik Motta Scarabelli Renata Batista De Paula Renata Bortolette Dourado De Godoy Renata Calil Machado Renata Calixto Renata Carmo Renata Cobra Renata Côrtes Renata Fabiana Garcia Renata Garcia Renata Leal Ruas Renata Lilian De Oliveira Renata Lisboa Renata M B A Cichowicz Renata M. Renata Macedo Renata Maffisa Alves Da Cruz Renata Maria Mendes Ferreira Renata Mendes Renata Monteiro De Oliveira Renata Moreira Renata Neves Renata Pita Renata Ramos Renata Tatiane Rodrigues Morais Batista Renata Teixeira Fernandes Renata Tsuruda Renato Alcantara Renato Camargo Renato De França Marques Renato De Oliveira Meirelles Renato De Paula Renato De Souza Marques Renato De Souza Teixeira Renato Dos Santos Albino Renato Fonseca De Andrade Renato Mafra Renê Estevam Renê Leal Ribeiro Rêner Francisco Da Silva Sales Renilda Rosa Renubia Nunes Reny Okuhara Rey Biannchi Ricardo A. Muniz Da Silva Ricardo Aparecido Goncalves Ricardo Bonnás Ricardo Borges Ricardo Camargo Pantaleao Ricardo Celso De Souza Ricardo Cesar Nogueira Ricardo Cordovani Brancucci Ricardo Couto Ricardo Cury Ricardo De Jesus Camargo Ricardo Figueira Ricardo França Ricardo Leite Ricardo Machado Ricardo Penido Ricardo Peres Ricardo Pires Castanho Valente Ricardo Rico Silva Ricardo Tolentino Ricardo Tsuruiti Takeda Ricardo, O Guerreiro Rich Frota Rilke Lima Rimantas Sipas Rino Alfani Rita Apolonia Ramos Viana Rita Assahida Rita Bizerra Rita Carneiro De Santana Do Acaraú Rita De Cássia Alves Rita De Cássia Chamma Rita De Cássia Freitas Rita E. L. Neis Rita Maria Vaille Rita Marinello Rita Nascimento Rita Queiroz Rita Silva Rita Vaille Rivaldo Pinheiro Roany Souza Roberio Lima Renna Robério Silva Roberson Robert Tepper Roberta Assis Roberta Cunha Kray Roberta Folgueral Roberta Kray Roberta Minottti Roberta Pavan Roberta Rotta Messias De Andrade Roberta Schlobach Roberta Xavier De Sousa Roberto Abreu Roberto Akazawa Roberto Allen Roberto Candido Roberto Correia Pinheiro Roberto Fontes Ferreira Da Silva Roberto Gomes Roberto Holanda Roberto Kuotai Hong Roberto Lima Roberto Machado Robertõ Patzlaff Roberto Recinella Roberto Rodrigues Alves Roberto Rp Erre Menos Roberto Sekiya Roberto Souza Roberto Zakeciciuss Robervan Ferreira Robson Bacelar Araújo Robson Melo Martins Robson O. Santos Da Sigel Solar Robson Oliveira Robson Ribeiro Robson Rodriguez Robson Ruiz Roberto Robson Taumaturgo Dias De Brito Rocheli Dos Santos Sbardelotto Rodolfo Guimarães Rodolfo Kazi Rodolfo Martins Rodolfo Stonner Rodolfo Xavier Florencio Rodomar Ramlow Rodrigo Barbosa Rodrigo Buzone Rodrigo Camargo Cavalcante Rodrigo César Da Silva Moreira Rodrigo De Loreto Costa Rodrigo De Souza Costa Rodrigo Godoi Alcântara Rodrigo José Ferreira Rodrigo Leite Rodrigo Lindner Rodrigo Marques Ramos Da Rocha Rodrigo Owam Cohatu Rodrigo Pedrosa Rodrigo Penha Men Rodrigo Pereira De Lima Rodrigo Santos

Veira Rodrigo Silveira Rodrigo T. Antonangelo Rodrigo Trigo Rodrigo Valente Rodrigo Vollmer Rofa Rogerio Araujo Roger Mallmann Rogéria Corrêa Rogerio Caruso Rogério Figueira Rogério Gonçalves Da Silva Rogério Laviola Rogério Lucas Rogério Ribeiro Cellino Rogério Ricardo Albino Rogerio Teixeira Stockey Rogério Toledo Rogerio Vanucci Romelio Rodrigues Caetano Romeu Marques Rômulo Mazza Rômulo P. Ronaldo Brandao Brochado Ronaldo Marcatto Ronaldo Marques De Resende Ronaldo Mazuhim Ronaldo Patriota Ronaldo Soares de Paiva Ronan Mairesse Ronei Dan Roniele Silveira Ronilza Araújo Ronylson Avlis Roque Cortes Auache Pereira Roque Cortes Pereira Roque Marques Rosa Araujo Ubá Rosa Bedetti Rosa Coelho Costa Rosa Cristina Ferreira Rosa Izelli Rosa Manna Macedo Rosa Maria Araujo De Castro Rosa Maria Gomes De Freitas Rosa Maria Leal Rosa Maria Xavier Gomes Carneiro Rosalee Do Diego Rosana Rosana Aragon Rosana Araujo Rosana Cardoso Silva Neves Rosana De Martini Rosana Fernandes Lotufo Rosana Figueiredo Rosana Freittas Rosana Mamede Rosana Marcantonio Rosana Maria Ribeiro Rosana Meville Rosana Ono Rosane Endo Rosane Francisca Nunes Da Silva Rosane Gorges Rosane Raiter Rosane Ruiz Rosane Takeda Rosângela Rosângela Bastos Rosangela Correia Pereira Rosangela Coutinho Rosangela D'Avila Rosangela De Fatima Dos Santos Rosângela de Jesus Rosangela Fraga Rosangela Gerardi Rosângela Lucas Rosangela Ludovico Rosângela Maria Chaiben Portes Rosângela Medeiros Rosangela Monteiro De Souza Dias Rosângela Pelegrini Rosangela Perez Rosângela S I Kian Rosária Marques Mendes Rose Burei Rose Lins D Albuquerque Rose Macchia Rose Magalhães Rose Neves Rose Paris Rose Ramalho Rose Vianna Roseli Abrantes Barbasia Roseli Basso Roseli Crevelaro Roseli Falcone Roseli Luque Amaral Roseli Silva Rosélia Bezerra Roseline Bortoncelo Rosely Peres Carillo Rosemari Amorim Rosemari Meister Sumikawa Rosemari Prates Rosemary Ferreira Rosemeri Bussarello Roserley Macedo Rosi Ferraz Rosi Moraes Rosi Pontes Rosi Shadê Rosijane Jatai Rosilene Anjos Tsubota Rosilene Brito Do Amaral Rosilene Monteiro Rodrigues Barbasia Rosilene Rodrigues Rosileni S. W. Mansano Rosinai Sampaio Rosineide De Jesus Rosival Fagundes Palestrante Rossemilda M. De Oliveira Rossini Silva Rowânia Araujo Silva Lima Royl Baldin Rozeli Silva Rozylene Borges Rubens Angelo Cintra Rubens Buscaratto Filho Rubens Lima Da Silva Rubia Mara Suetake Rudinei Silva Rui Capistrano Filho Rui Fanaia De Almeida Dorst Rui Francisco De Paula Rui Frazão Rute Dias Freitas Rute Florais Rute Lima Rute Sousa Ruth Taumaturgo Dias De Brito Costa Ruy Ribeiro Da Silveira Ryoko Tanaka Sabrina De Campos Sabrina F. Lima Sabrina Frazão Ferro Sabrina Girotto Sabrina Sasaki Salete Cappelletti Bristot Salete De Paula Jugdar Salete Lima Sally Susan Schumacher Gorges De Almeida Salviano Rolim Samanta Fonseca Samanta Ludwig Samanta Marzano Samara Bellucci Samila Oliveira Samira Ludgero Samira Neves Samoel Balbino De Melo Samuel Caires Samuel Dimi França. Samuel Gomes Dos Santos Samuel Marostega Samya Angelim Sandherson Sannenberg Sandra Ámorim Sandra Bastos Sandra Cabral Leite Eroles Sandra Carvalho Sandra Cavallari Sandra Cristiane Silva Scheiner Sandra Cristina Duarte Sandra De Melo Sandra Dias Sandra Ivaldi Sandra Leni Dos Santos Sandra Lewin Sandra Lúcia Leite Ferreira Sandra M.G Tretto Sandra M.G.Tretto Sandra Maria Sandra Maria De Sousa Pereira Sandra Moraes Sandra Nascimento Sandra Regina Da Luz Sandra Silva Sandra Silva Dos Santos Sandra Soares Sandra Souza Sandra T. Corte Real Coelho Sandra Veloso Dias Sandra Wallauer Sandra Zanchetta Sandro Alex Souza Dos Santos Sandro Borges Sandy Sena Oliveira Raymundo Sandyy Ascari Sanny Margareth C. Souza Santana Maria Santos de Andrare Sara Barbosa Sara Cristina Mann Sara De Carvalho Santos Sara M Senger Sara M. Sara Michiles Sara Nunes Sarah Alvarenga Sarah Elizabeth Schumacher Gorges De Almeida Sarah Leandro De Sousa Lima Sarah Martins Sarah Reis Sarina Michele Costa De Souza Sarita De Oliveira Sarkis Diego Chememian Tolmajian Saulo Bezerra Saulo Felício Saulo Jabes Saulo Zacarias Gonçalves Schirley Stein Sebastiao Bastos Sebastião Da Silva Souza Sebastião Neto Silva Pereira Sebastião Pacini Seiji Ikeda Selma Bernardi Selma Cosso Selma Dias Selma Grossi Selma Marly Selma Marques Selma Souto Sergio C Trizolio Muniz Sergio C. B. Soares Sergio Campos Sergio Cruz Sergio Damião Sérgio Ferreira Sérgio Graff Sergio Kimio Enokihara Sergio Lima Rodrigues Junior Sergio Luís Simon Sergio Manabe Sérgio Meireles Sérgio Oliveira Sergio Ramos Severino Angelino Da Silva Severino Carlos Shayane Personagem Sheick Araújo Cruz Sheila Andreata Sheila Cavalcante Pereira Sheila Costa De Oliveira Sheila Fenelon Sheila Martani Sheila Queiroz Sheila Sipas Sheila Tiemi Sakamoto Shelldisney Batista Costa Sheyla Aguiar Sheyla Bellini Shintori Shira Yuiti Shirley Balieiro Hiratsuka Shirley De Lima Shirley Siqueira Shirley Veloso Costa Siany Neumeier Siegfried Michel Sil De Albuquerque Silmeire L. Barisson Silva A. C. Silvana Aparecida Visoli Silvana Augusta S. O. Noleto Silvana Castro Silvana Denise Lopes Silvana Di Maio Silvana Ferreira Silvana Figueredo Silvana Lima Silvana Midori Silvana Ramos Silvana Sena Silvania Godoi Silvanio Silva Silvano Dias Silvia De Jesus Sílvia Deschamps Silvia Guimarães Silvia Maria Gesuato Sílvia Pedroso Xavier Sílvia Regina Silvia Rohden Silvia Steiner Reigosa Silvia Zanchetto Silvinha Araujo Silvinha Poeta Silvio Akiyoshi Silvio Beppu Silvio Carvalho Dos Santos Silvio Luis Maestro Silvio Nakagawa Silvio Pacheco Silvio Sarmento Lessa Silvio Sipliano Silvio Xavier Silzomar Vinício Puhl Dos Santos Simone Asakawa Simone Bonilha Simone Borges De Azambuja Freitas Simone Brum Simone Capasso Simone Cristina Silva Sousa Simone Da Silva Santos Murça Simone De Carvalho Simone De Castro Peixoto Simone Dimas Simone Elina De Paula Simone Fatima Weber Simone Flavia Simone Gomes Simone Kobori Simone Lamim Simone Lima Zaccaro Noronha Bortolotti Simone Madokoro Simone Marin Simone Mendonça Simone Oliveira Simone Oliver Simone Pinke Simone Sena Simone Seripierri Simone Simon Simone Sousa Simone Tabata Simoni Soares Da Rocha Simonne R A Noronha Sirineu Hameister Sirlei Domingos Xavier Sirlene Evangelista de Carvalho Sirlene Fassolo Sirlene Volpato Sirley Batatinha Sirley Brolese Sirley Ferreira Sivani De Souza Santos Socorrinha Marques Socorro Alves Solange Alves Dos Santos Solange Ando Solange Bandeira Solange Botelho Solange Cardoso Solange De Jesus Souza Solange Gasque Solange Maria P. Ferreira Jolo Solange Matta Pires Solange Miguel da Silva Solange Nunes De Oliveira Carvalho. Solange Pereira Solange Sandoval Santos Mazia Soleide Marli Ritter Sonia Corda Sônia Correia Sônia Jordão Sonia Maria L. Brancato Camarinha Sonia Perin Sônia Silva De Souza Burgel Soninha Rodalves Sophia Bazanti Sophia Castaldelli Sophia Santarém Soraia N. Stanley Galvao Stefana Zago Marin Stefanie Ribeiro Stefi Maerker Stela Fernanda Liesenberg Stephanie Victoria Sterfany Santos Suelem Falbo Maciel Suelene Ferraz Andrade De Paula Sueli Campagnolo Sueli Escobar Sueli Pontes Veiga Sueli Vignoli De Oliveira Suély Garcia Suely Munhoz Aguilera Suely Niemeyer Lima Sulma Alvarado Salazar Susana Cintra Susana Steigleder Susanne Andrade Suseli Yamashiro Susete Leitão Susi Nóbrega Suzana Coutinho Honda Suzana Schmitz Suzely Chequer Suzete Botasso Suzy Flower Sylvania Morani Sylvio Souza Junior Symon Hill Symone Perrone Nunes Tábita Monteiro Taciana Guterres De Carvalho Cruz Taciana Mara Rabelo De Lima Taciane Pinheiro Tadeu Sousa Allmundo Tafnes E Henrique Lopes Tahiana Mendes Tai Borges Tailane Kerlly Tainá Katiúcia Simor Taise Leal Neves Taise Vielmo Côrtes Taissa Amorim Taíssa Vaille Tales Takekazo Uski Talita Batista Talita Emily Francisco Talita Rainha Cardeal Tâmara Aruanã Ribeiro Tamires Lima Coutinho Tammy Ferreira Sakaguti Taneide Medeiros Tania Diniz Tania Izelli Tânia Mara Tramontin Tânia Maria Tania Maria Da Cunha

Agradecimentos

Sousa   Tania Martuchele   Tânia Negrão   Tânia Ribeiro   Tânia Sobral Benegas   Tânia Tremura   Tássia Caetano   Tássia Galvão   Tatá Balmat   Tati Capecci   Tati Coimbra   Tati Gomes   Tati Mattos   Tatiana Alves Iogi   Tatiana Bejgler   Tatiana Cafre   Tatiana Cavalcante   Tatiana De Conto   Tatiana Fachine   Tatiana Grandemagne   Tatiana Ignacio   Tatiana Ignácio   Tatiana Monteiro   Tatiana Moreno   Tatiana R.   Tatiana Tardelli   Tatiane Aparecida De Oliveira Fonseca   Tatiane Benvenuti   Tatiane Costa   Tatiane Cristina Curtolo Garcia   Tatiane De Moraes   Tatiane Helena.F. Silva   Tatiane Pereira De Freitas   Taylane Almeida   Taylise Seixas   Tayse Tenório   Telma Cana   Telma Gomes   Telma Pessoa   Telma Rodrigues Dos Santos   Telmadias Takatell   Teofilo Machado   Teresa Cristina Vigário   Teresa Guidão   Teresa Romio   Teresinha Alencar   Tereza Fernandes Da Silva   Tereza Penteado   Terezinha Benedita Coelho   Terezinha Chiesa   Terezinha Da Silva Araujo   Terezinha Elias Carneiro   Terezinha Santana   Terezinha Viccari   Thais Alves   Thais Andrade   Thais Elayne   Thais Gonsalves Moreira   Thais Lopes   Thais Queiroz   Thais Rosa   Thaíslla Cavalcanti   Thales Trazzi   Thallyta Hinne   Thálmate Silva Pinto   Thamar Albuquerque   Thamiris Monteiro Câmara Ramalho   Thayná Lino   Thays Ramos   Theka Rodrigues   Theoharis Efcarpidis Sfakianakis   Thereza Tie   Theunis Marinho   Thiago Alberto Lima Rodrigues   Thiago Avona   Thiago Chiovatto   Thiago Costa   Thiago Dourado De Godoy   Thiago Emanuel   Thiago Encinas   Thiago Encinas Gonzalez Da Silva   Thiago Miyahara   Thiago Protti   Thiago Quevedo Marcolino   Thiago Salvador   Thiago Santon   Thiago Silva   Thiagoc Curimbaba   Thomas Tukamoto   Thomaz Sipula Soares   Thuany Limia   Tiago Da Silva Costa   Tiago Enzo Fernandes Costa   Tiago Ferreira Impaléa   Tiago Guaranha   Tiago Santos   Tiago Saraiva Muniz   Ticiana Bibe Bertoluci   Tieko Fujiye   Tihaná Hirata   Tika   Tinah Lima   Tinah Lima, Casa Comigo? Beijos Sylvio   Tio Moa   Titos Daniel   Tom França   Toni Amaral   Toni Coelho   Toni Erick Oliveira   Tony Tobias   Tuanne Machado Ribeiro   Tulio Cesar Zago   Uander Francisco Moreira Da Silva   Uanderson Pereira Da Silva   Ubaldo Angelo Patricio   Ubiracyr Neto   Ubiratan Almeida   Udiy Dalcolmo   Uendir   Uenis Ferreira Lima   Uesleia Castro   Umberto Tedeschi   Uolter J.   Ursula Bezerra   Úrsula Gomes   Ursula Huscher   V. Binato   Vagno Gonzaga   Val Machado   Val Moura   Val Rodegher   Valberto Costa.   Valcione Araújo   Valdeci Gimenez   Valdecir Blass   Valdecir Petry   Valdelucia De Melo Hamasaki   Valderice Oliveira   Valdilene Machado   Valdinei Massaro   Valdinei Vieira Rodrigues   Valdineia Aparecida Costa Baraus   Valdiney Antunes Marques   Valdir Fontoura Fernandes   Valdir Ramos   Valdira Ferreira De Lima   Valdirene   Valdirene Caetano Silva   Valdirene Piccoli   Valentina Ereni Barros   Valéria A S S   Valéria Aparecida De Paula Mota   Valéria Calderaro   Valéria Costa   Valeria De Souza Silva   Valeria Pereira De Oliveira   Valeria Pereira De Santana   Valéria Rodrigues   Valéria Soares Cortez Ito   Valéria Sodré   Valéria Souza Vieira   Valéria Treis   Valéria Viana   Valéria Vieira Da Silva Souza   Valéria Villi Escalante   Valeria Zamboni   Valerio Aquino   Valeska Marcinichen   Valnei Candido De Oliveira Abençoado.   Valquiria Auxiliadora Viana   Valquiria Freitas   Valter Freitas Macedo   Valter Messa   Valter Moraes Messa.   Vanailza Helena   Vanda Velasco De Brito   Vander Koji Hoshi   Vanderlei Gomes Machado   Vanderlei Messias De Carvalho   Vanderlei Silva   Vanderlene Perez Viana   Vanderli S. R.   Vandiane Silva   Vanessa Castro   Vanessa De Castro   Vanessa Felix Dos Santos   Vanessa Ferrari   Vanessa Freitas   Vanessa Mafra   Vanessa Nascimento   Vanessa Soares   Vanessa Timóteo De Lima   Vanessa Vanali   Vanessa Veras   Vanessa Wozniak   Vânia Aparecida Da Silva   Vânia Aparecida Menezes   Vania Dal Moro   Vânia Laura Paulo   Vânia Marilise Regert   Vania Masami Matsuno   Vânia Rodrigues   Vânia Sabatier   Vania Sabino   Vânia Sena Batista   Vanielly Fontes   Vanilda Fecarpe   Vanilda Ferreira   Vanilda Lopes Moreira Rocha   Vaninha Santos   Vanuza Santos   Vasco Vasconcellos   Vera Carneiro   Vera Custodio   Vera Franco Veiga   Vera Freitas - Soledade/Rs   Vera Ito   Vera Lima Brezolin   Vera Lúcia   Vera Lúcia Adib Asmir   Vera Lucia De Amorim   Vera Lúcia De Morais   Vera Lúcia Jerônimo Dos Santos   Vera Lúcia Machado Valadares   Vera Machado   Vera Probst   Vera Raele Codorniz Machado   Vera Regina P Mendes   Veri Menin   Verinha Delphino   Veronica   Veronica Amorim   Verônica Copelli   Veronica Fazzolari Bícego   Verônica Maranhão   Veronica Santana   Veruska Cavalcante Azevedo   Victor Cosso Lindo   Victor Damásio   Victor Dias Tavares   Victor Dos Santos Albino   Victor Fraga   Victor Gambôa Tapajós   Victor Gomes Carneiro   Victor Guilder   Victor Hannoun   Victor Kim Fukue   Victor Lindner   Victor Marlia   Victoria Dos Santos Albino   Vilian Farias   Vilma Da Silva Lordeiro   Vilma, Gandra   Vilma Lopes Santos   Vilma Pereira Vaz   Vilmar Alves De Medeiros   Vilmar Wozniak   Vilmara Seixas   Vinicius Augusto   Vinícius Bertoluci Pinheiro   Vinicius Escobar   Vinicius Goulart Angelici   Vinicius Henrique De Castro   Vinícius Marques De Paiva   Vinícius Martins   Vinicius Outor   Vinícius Rigo   Virgilio Viana   Virgínia Dos Santos Lopes   Virginia Marques Ribeiro   Virgínia Valladares   Virgínia Vieira Marcondes   Vis Teixeira   Vítor Cavalcanti De Arruda   Vitor Hugo Machado Carvalho Dos Santos   Vitória Ceolin Bieger   Vitória De Sousa Barreto   Vitória De Sousa E Sousa   Vitória Goulart   Vitoria Helena Alves Tai   Vitória Leopoldina   Vitória Pessoa De Lima   Vitória Regina   Vivaldo Diogo Pereira Melo   Vivi Keller   Vivian D. De Góes   Vivian Márcia De Araújo Menezes   Vivian Rossana Scortegagna   Vivian Sousa   Vivian Souza Dos Santos   Viviane Caetano Da Silva   Viviane Campos   Viviane Cappello   Viviane Cirino   Viviane Dias   Viviane Filha De Ivone   Viviane Inácio De Lima   Viviane Lewicki   Viviane Lucia Teixeira   Viviane M. T. Cardoso   Viviane Miranda   Viviane Okama   Viviane Oliveira De Almeida   Viviane Paninson   Viviane Silva   Viviane Soares De Jesus   Vlad Udiloff   Vlademir Marangoni   Vladia Matos Paulino   Vladimir De Vilhena Santos   Vladimir Holmo   Volnei Kuhl   Wagner Dias   Wagner Messa   Walas Lopes   Waldemir Pereira De Lana   Waldey Sanchez   Waldir Cintra De Jesus Junior   Waldir Lorenz   Walison Ferreira   Wallace Leite   Walmir Gutuzzo   Walmira Penha   Walquíria Pinheiro Lima Aguiar   Walter Muller   Wandberg Amaro   Wanddieny Rocha   Wanderléa Diniz Ferreira   Wanderley Arruda Da Silva   Wanderley Taddeo Cruz   Wang Chi Hsin   Warley Lelis   Watson Weber   Webert Cassemiro   Wedson Silva   Well Felix   Wellington Leandro De Oliveira   Wellington Matheus Dos Santos   Wellington Oliveira   Wellington Rosa   Welliton Ribeiro   Wellyngton Jardim   Welria   Wélria Amaral   Welyton Garcia Silva   Wendel M. Silva   Wesley Borges   Wesley Ferreira   Wiliam Midon Pedroso   William Borghetti   William Rodrigues Rosa De Almeida   Williams Barreto   Willian Cordeiro   Willian Duarte Cabreira   Willian Soares   Willian Wallace   Willians Martins   Wilma Amorelli   Wilma Machado De Oliveira   Wilson Assis   Wilson Batista Junior   Wilson Canedo Gomes   Wilson De Jesus Santos   Wilson José Couto.   Wilson Tadeu Ferreira   Wilson Xisto De Amorim   Wilton Monteiro   Wirla Pontes   Wistami Lima   Wlad Braga   Woesley Nogueira   Wolf, Adriana Cristina Wolf De Souza   Yara Fukuda   Yara Parrillo Frede   Yasmim G. Dias De Araujo   Yasmin De Sousa Barreto   Yaylla Muryelly Silva Alcântara   Yldemberg Silveira De Sousa   Yumi Tanabe De Moura Leite   Yuri Almeida   Yuri Elias De Freitas Coelho   Yuri Pagangrizo Martins   Zalias Antonio Vicente   Zandra Daiane Barbosa Dos Santos Santana   Zarinha Martins   Zé Baú   Zé Renato Caconde   Zélia Machado   Zelia Mota   Zelina Quevedo   Zenilda Da Silva Paixão   Zenira Vila   Zenita   Zenobia Acedo   Zilá Maria   Zilberto Zanchet   Zilda Gonçalves   Zilda Maria De Queiroz   Zilliana   Zilminha Pereira   Zina Lacerda   Zuleica Volpato   Zuleine Dias Gomes   Zuzu M.   Zuzu Tani